Hans Christoph Buch

BLACK BOX AFRIKA

Hans Christoph Buch, Jahrgang 1944, Erzähler, Essayist und Reporter, lebt, wenn er nicht gerade auf Reisen ist, in Berlin. In den vergangenen Jahren sind von ihm erschienen: *Blut im Schuh* (2001), *Wie Karl May Adolf Hitler traf* (2003) und zuletzt, bei zu Klampen, *Standort Bananenrepublik* (2005).

Hans Christoph Buch

BLACK BOX AFRIKA

Ein Kontinent driftet ab

zu Klampen!
Essay

info@zuklampen.de · www.zuklampen.de

Umschlag: Matthias Vogel (paramikron), Hannover,
unter Verwendung eines Theaterplakats
zu Wole Soyinkas Bearbeitung
des Stückes »König Ubu« von A. Jarry
Satz: thielenVERLAGSBÜRO, Hannover
(Gesetzt aus der Linotype Aldus)
Druck: Clausen & Bosse, Leck

ISBN 3-934920-94-2

Bibliografische Information Der Deutschen Bibliothek
Die Deutsche Bibliothek verzeichnet diese Publikation in der
Deutschen Nationalbibliografie; detaillierte bibliografische
Daten sind im Internet über ‹http://dnb.ddb.de› abrufbar.

Inhalt

Gott gab den Europäern die Uhr und den Afrikanern die Zeit

Anstelle eines Vorworts

1

Fünfzig Jahre nach Beginn der Entkolonialisierung fällt die Bilanz ernüchternd aus. Die hochfliegenden Träume der Vorkämpfer der Unabhängigkeit wurden nirgendwo auch nur im Ansatz verwirklicht, und die Einheit des Subkontinents blieb ein frommer Wunsch oder eine in Festreden beschworene Utopie. Trotz überreicher Ressourcen und seines gewaltigen Arbeitskräftepotenzials ist Afrikas Wirtschaft in einem so desolaten Zustand, daß Dritte-Welt-Experten das Wort Entwicklung aus ihrem Vokabular strichen und das Entwicklungshilferessort umtauften in *Ministerium für wirtschaftliche Zusammenarbeit*. Die politisch korrekte Umbenennung ändert nichts an Daten und Fakten, die das Gegenteil des Einholens oder gar Überholens belegen, nämlich eine rückläufige Entwicklung, die Afrikas koloniale Vergangenheit, verglichen mit der Gegenwart, fast schon idyllisch wirken läßt.

Dabei stand die Entkolonialisierung zunächst unter einem guten Stern. Afrikas Politiker der ersten Stunde waren weitsichtige Staatsmänner, was man von ihren Nachfolgern kaum behaupten kann, und es ist bezeichnend, daß und wie viele von ihnen in Komplizenschaft mit der früheren Kolonialmacht ermordet oder kaltgestellt worden sind: Patrice Lumumba, Amilcar Cabral und Kwame Nkrumah – um nur drei Namen zu nennen. Letzter Überlebender dieser Generation ist Nelson Mandela, der den Widerstand gegen die Apartheid nicht bloß gepredigt, sondern glaubhaft vorgelebt hat: Ohne sein moralisches Engagement wäre Südafrika in Chaos und Bürgerkrieg versunken – die von Mandela geschaffene Wahrheitskommission ist der beste Beleg dafür.

Das Ringen um Einflußsphären diente den Großmächten als Vorwand zur Unterstützung menschenverachtender Diktatoren, die sich im Kalten Krieg auf die eine oder andere Seite schlugen – manchmal auch auf beide zugleich. Das zynische Motto „Er ist zwar ein Schuft, aber er ist unser Schuft" war auch nach dem Ende der Blockkonfrontation unvermindert aktuell: Politische Dinosaurier wie Paul Biya in Kamerun und Omar Bongo in Gabun haben mit französischer Hilfe ihre eigene Entmachtung überlebt, und in Togo oder im Kongo gibt es so etwas wie eine unkonstitutionelle Monarchie: Auf den Diktator Eyadema folgte dessen Sohn, und auf Kabila I. folgte Kabila II., der seit der Ermordung seines Vaters in Kinshasa regiert. Statt Rechtsstaat und Demokratie bekamen die Völker Afrikas nur die Kehrseite der Medaille zu sehen: Wirtschaftliches Chaos, soziales Elend und politische Instabilität mit Massakern bis zum Völkermord. Der Genozid in Ruanda, der unter den Augen der UNO im Osten der Kongorepublik ungebremst weiterging, war die schlimmste, weil vermeidbare Tragödie des ausgehenden 20. Jahrhunderts – konventionelle Kriege wie zwischen Äthiopien und Eritrea, Bürgerkriege wie derzeit in Côte d'Ivoire und ethnische Säuberungen wie in Darfur nicht mitgerechnet: Ganz zu schweigen von Aids – nach Schätzung der Weltgesundheitsorganisation sind 30 Millionen Afrikaner HIV-infiziert.

2

Ende 2004 besuchte ich auf Einladung des Bundespräsidialamts mehrere Staaten Ost- und Westafrikas. Auch drei Schüler waren mit von der Partie, die einen vom Ministerium für wirtschaftliche Zusammenarbeit ausgelobten Wettbewerb gewonnen hatten und erstmals afrikanischen Boden betraten. Als ich sie in Freetown, der Hauptstadt Sierra Leones, nach ihren Eindrücken befragte, erklärten sie, alles sei genau so, wie sie es sich vorgestellt und im Fernsehen gesehen hätten. *Wie bitte?* Ich war überrascht und erstaunt, denn die Diskrepanz zwischen den Medienberichten und dem Alltag vor Ort gehört zur grundlegenden Erfahrung jeder Reise, weil die Wirklichkeit widersprüchlicher ist, als sie in journalistischer Aufbereitung erscheint. Erst später verstand ich, daß ich in den Augen der Schüler eine Art Lehrer war, dem sie antworteten, was er ihrer Meinung nach erwartete – vielleicht fehlte ihnen auch eine adäquate Sprache, um das verwirrende Erlebnis des Neuen in Worte zu fassen.

Die Ankunft in Afrika ist ein Kulturschock – hier stimmt der abgegriffene Ausdruck, weil alles vertraut und doch anders ist als zu Hause in der gewohnten Umgebung: Von der sanften Brise, die einen beim Betreten der Gangway umfächelt, über den von der Sonne aufgeheizten Beton des Flugfelds, von dem die Hitze in Wellen aufsteigt, bis zum Knistern vom Wind bewegter Palmwipfel. Und weiter von Paß- und Zollbeamten, die sich statt für die vorgeschriebene Gelbfieberimpfung nur für mitgebrachte Geschenke interessieren, über Verkehrspolizisten, die um Trinkgeld fürs Wochenende bitten, bis zu in den Hotelfluren zirkulierenden Prostituierten, die nach Mitternacht an die Tür klopfen mit den Worten „C'est l'amour qui passe!"

Dabei fällt mir ein, daß käufliche Liebe in Afrika vor Ausbruch der Aids-Epidemie ein respektables Gewerbe war, und daß ich in Accra einen improvisierten Vortrag halten mußte über Aids, weil die im Interconti tätigen Prostituierten wissen wollten, was es mit der damals noch kaum bekannten Krankheit auf sich habe. Man schrieb das Jahr 1987: Auf Einladung des Schriftstellers Breyten Breytenbach nahm ich an einer Anti-Apartheid-Safari durch Westafrika teil, zusammen mit einer Gruppe südafrikanischer Bürgerrechtler und Oppositioneller, und ich erinnere mich an die ungläubige Reaktion der Delegierten, allen voran die Funktionäre des in Südafrika verbotenen ANC, angesichts der schweißtreibenden Empfangsprozedur, der demütigenden Paß- und Zollkontrollen und der mangelnden Hygiene in Accras Nobelhotel. Für Beyers Naudé, Präsident des südafrikanischen Kirchenrats, brach eine Welt zusammen, als eine Prostituierte mit Gewalt in sein Zimmer eindrang und seiner Frau, die sich ihr in den Weg stellte, mit dem Stöckelschuh ins Gesicht schlug: *So* hatte der betagte Kämpfer gegen die Rassentrennung sich das Leben in Ghana nicht vorgestellt, das für Südafrikaner damals noch *off limits* und eine *terra incognita* war.

3

„Es wandelt niemand ungestraft unter Palmen, und die Gesinnungen ändern sich gewiß in einem Lande, wo Elefanten und Tiger zu Hause sind", schreibt Goethe in den *Wahlverwandtschaften*. Anders als Alexander von Humboldt kannte er exotische Tiere und Pflanzen nur aus Zoos und Treibhäusern, in denen man als *Pisang-Früchte* bezeichnete Bananen züchtete, und empfand die Tropennatur als Bedrohung, weil ihre maßlose Üppigkeit seinem an der Antike geschulten Schönheitsideal widersprach.

So besehen offenbart das Eingangszitat seinen verborgenen Sinn: „Es wandelt niemand ungestraft unter Palmen" erinnert an die biblische Schöpfungsgeschichte, derzufolge sich in jedem Paradies eine Schlange verbirgt. Noch bevor der Satz in der Kolonialzeit zum geflügelten Wort avancierte, hatte Goethe bereits den Doppelcharakter der Tropennatur sichtbar gemacht: Die Dritte Welt als Hölle und Paradies – nicht abwechselnd, sondern im gleichen Atemzug.

Dieses Paradigma ist älter als die deutsche Klassik, und es hat unser Bild von Afrika bis heute geprägt, wie die folgende

Passage aus einem Roman von Edgar Rice-Burroughs belegt, dessen Erfolgsgeheimnis darin liegt, daß und wie der Text alle verfügbaren Klischees auf kleinstem Raum versammelt:

„Tarzan seufzte. Der Dschungel war stärker als die Zivilisation... Nur einmal wieder fühlen, wie dichtes Buschwerk und die Blätter der Urwaldriesen seinen nackten Körper streiften. Noch einmal die stickige Süße verwelkter Tropenvegetation atmen können... Einmal wieder wittern, wie die großen Raubtiere des Urwalds leise seiner Spur folgten... wieder jagen und gejagt werden. Wieder töten! Diese Bilder lockten und umgarnten ihn mit ihren schillernden Farben. Dann aber sah er andere Bilder: ein schönes junges Frauenantlitz, einen Sohn, Freunde, das traute Heim. Er zuckte die gewaltigen Achseln."

Edgar Rice-Burroughs war nie in Afrika, und die in den Tarzan-Romanen geschilderte Welt hat so nie existiert. Trotzdem enthält auch das gröbste Klischee Spurenelemente der Wahrheit, und die Faszination der Tropennatur spricht aus den durch botanische Gärten inspirierten Bildern des Zöllners Rousseau ebenso wie aus den Wüstengedichten Ferdinand Freiligraths, der nie eine afrikanische Savanne mit eigenen Augen gesehen hat:

Wüstenkönig ist der Löwe; will er sein Gebiet durchfliegen,
Wandelt er nach der Lagune, in dem hohen Schilf zu liegen,
Wo Gazellen und Giraffen trinken, kauert er im Rohre;
Zitternd über dem Gewaltgen rauscht das Laub der Sykomore.

Solche Verse appellieren wie die Bilder in *Brehms Tierleben* an eine Tiefenschicht im Leser, die in die frühe Kindheit oder, wenn man so will, in die Frühgeschichte der Menschheit zurückführt, als unsere äffischen Vorfahren von den Bäumen kletterten, um als Jäger und Sammler durch die Savanne zu streifen. Wer ein afrikanisches Wildreservat betritt, spürt diese Faszination am eigenen Leib, wenn er sich einer von Schakalen umkreisten Zebra- oder Gnu-Herde nähert, Geier von einem Tierkadaver auffliegen sieht oder den Geruch in der Hitze dampfenden Elefantendungs einatmet. Aber auch der Besuch eines Wolken- oder Nebelwaldes, in dem Afrikas letzte Berggorillas hausen, weckt, zusammen mit dem Kind im Manne (oder in der Frau), die verdrängten Instinkte, von denen im Tarzan-Roman und in Freiligraths Gedicht die Rede ist. Dabei geht es nicht bloß um Jagdabenteuer, sondern um erotische Sehnsüchte, denn im kollektiven Unterbewußtsein ist die Tropennatur mit Angst und Lust besetzt, und Exotik hat sich immer schon auf Erotik gereimt – von der Karibik- und Südseeromantik in Schlagertexten und Werbespots bis zum modernen Sextourismus.

Diese Motive erscheinen wie unter dem Brennglas gebündelt in einem Gedicht des Kubaners Nicolas Guillén, für den die Rückkehr zu den afrikanischen Wurzeln trotz seiner dunklen Haut keine Selbstverständlichkeit, sondern ein kulturelles Abenteuer war:

ZEICHEN

Dein Becken weiß mehr als dein Kopf
und fast so viel wie deine Schenkel.
Dies ist die starke schwarze Grazie
deines nackten Leibes.

Dein Urwaldzeichen sind
die roten Bänder am Halse
und am Arm die goldenen Ringe
und dieses dunkle Krokodil
das im Strom deiner Augen schwimmt.

Trotz der wie Schleichwerbung für Lacoste klingenden Schlußzeile handelt es sich nicht um Pop Art, sondern um ein Dokument des poetischen Primitivismus, der mit der Entdeckung afrikanischer Kunst durch Picasso und Braque beginnt und über die Popularisierung des Jazz bis zur von Aimé Césaire und Léopold Senghor entwickelten Theorie der *Négritude* führt, die Afrikas panerotisches Lebensgefühl so zusammenfaßt:

> „*Négritude* ist der gesamte Komplex aller kulturellen Werte, welche die neoafrikanische Welt auszeichnen. Diese sind wesentlich durch intuitives Verstehen geprägt und durch Rhythmen, die mit denen des Universums synchron sind."

Noch kürzer hat Senghor, Ehrenmitglied der Académie Française und Friedenspreisträger des Deutschen Buchhandels, das Wesen der *Négritude* an anderer Stelle definiert: ICH TANZE, ALSO BIN ICH!

4

Aus afrikanischer Sicht gibt es keinen Widerspruch zwischen Tanz und Gesang, Literatur und Musik, Akrobatik und Sport. Wie in der griechischen Mythologie sind Pflanzen und Tiere, Götter und Menschen nicht durch Berliner Mauern getrennt: Die Grundfigur ist die Metamorphose, und die Übergänge von einer Sphäre zur anderen sind in der traditionellen afrikanischen Kunst so fließend wie im modernen Jazz, wo Musikinstrumente wie menschliche Stimmen und menschliche Stimmen wie Musikinstrumente klingen – manchmal auch wie Tierstimmen oder Motorenlärm.

1950 wurde der König des Jazz, Louis Armstrong, beim Karneval in New Orleans zum König der Zulus gekrönt, die sich zum Zeichen ihrer afrikanischen Herkunft die Gesichter mit Schuhcreme schwarz färbten, während der König von England, George VI., sich als Mohr verkleidet unters Volk mischte. Diese doppelte Parodie ist ebenso charakteristisch für den Geist des

Karnevals, der in Haiti und Brasilien die tollsten Blüten treibt, wie für das Weltempfinden der Afrikaner: Nicht bloß die soziale Hierarchie wird auf den Kopf gestellt, wenn der Narr als König regiert – auch der so genannte Ernst des Lebens (und der Glaube an ein Leben nach dem Tod) wird befreiendem Gelächter ausgesetzt.

Was wäre die moderne westliche Welt ohne die elektrisierenden und erotisierenden Impulse afroamerikanischer Musik, ohne deren Vorbild es keinen Blues und Rock'n'Roll, Hiphop oder Rap gäbe, und ohne die Spitzenleistungen schwarzer Athleten, die zugleich begnadete Selbstdarsteller, Traumtänzer und Akrobaten sind? Berühmteste Beispiel dafür war und ist Cassius Clay alias Mohammed Ali.

Bekanntlich war Afrika die Wiege der Menschheit: Hier hat *homo habilis* die ersten Faustkeile gefertigt, deren Umrisse dem afrikanischen Kontinent ähnelten, und gelernt, das Feuer zu nutzen, doch die Wärmelehre und die Relativitätsheorie wurden anderswo formuliert, ebenso wie der kategorische Imperativ und die Menschenrechte. Dafür hat Afrika die von der Zivilisation verdrängte Sexualität aus ihren Fesseln befreit und Europäern wie Amerikanern etwas zurückgegeben, was diesen in der Hektik der Industrialisierung abhanden gekommen war: Spontane Lebensfreude, aber auch die Fähigkeit zu trauern, Leid und Tod nicht aus dem Bewußtsein zu verdrängen, sondern offensiv anzunehmen, um mit den Vibrationen des eigenen Körpers oder – wie Senghor sagen würde – mit den Rhythmen des Universums synchron zu sein. Ein afrikanisches Sprichwort bringt diesen Sachverhalt auf die kürzeste Formel: GOTT GAB DEN EUROPÄERN DIE UHR UND DEN AFRIKANERN DIE ZEIT.

Kollateralschaden Kongo

Versuch, deutschen Lesern eine afrikanische Tragödie zu erklären

Angenommen, Sie waren nie im Kongo und wissen nichts über dieses Land, außer daß es sich um eine ehemals belgische Kolonie handelt, deren Hauptstadt Léopoldville heute Kinshasa heißt – nicht zu verwechseln mit dem früher französischen Kongo-Brazzaville am Nordufer des Flusses. Bestimmt haben Sie schon mal was von Hutu und Tutsi gehört und wissen ungefähr, wo Kampala und Kigali, die Hauptstädte Ugandas und Ruandas liegen. Aber wie steht es mit Bunia und Bujumbura, dem Hema- und dem Lendu-Volk? Fehlanzeige? Vielleicht ist Ihnen Lumumba ein Begriff, den sein Widersacher Tschombe ermorden ließ, und Mobutu, der Kongo in Zaire umbenannte und mit vollem Namen *Mobutu Sese Seko Kuku Ngbendu Wa Zabanga* hieß: Der Leopard, der überall, wo er hintritt, verbrannte Erde hinterläßt. Inspiriert von der chinesischen Kulturrevolution, führte er eine obligatorische Einheitskleidung ein, genannt *Abacost* – von „à bas le costume!" (Nieder mit dem [europäischen] Anzug!) –, und wie andere Industriezweige gehörte die *Abacost*-Fabrik Mobutus Familienclan. In über 30 Jahren Alleinherrschaft hat er das riesige, rohstoffreiche Land ruiniert, wobei der Gerechtigkeit halber anzumerken ist, daß Mobutu mehr Geld gestohlen als Blut vergossen hat. 1997 wurde der krebskranke Diktator von Laurent Kabila, einem aus dem Exil zurückgekehrten Oppositionsführer und einstigen Mitkämpfer Che Guevaras, aus dem Amt gejagt. Bis hierher ist die Geschichte von Kongo-Zaire noch überschaubar und wirkt, trotz oder wegen der wild wuchernden Korruption, fast pittoresk. Seitdem hat sich die Lage durch Einmischung der Nachbarstaaten dermaßen kompliziert, daß sie für Außenstehende kaum noch begreifbar ist.

Jeder, der den Film *Hotel Ruanda* gesehen hat, weiß, daß extremistische Hutu-Milizen dort im Frühjahr 1994 bis zu 800.000 Tutsi abschlachteten. Doch kaum jemand kennt die Vor- und Nachgeschichte des Genozids: Der war nur das vorläufig letzte Glied einer Kettenreaktion, bei der Hutu und Tutsi sich wechselseitig massakrierten, beginnend am Vorabend der Unabhängigkeit und gipfelnd in der Ermordung Hunderttausender 1966, 1972 und 1993, was jedes Mal eine Massenflucht in angrenzende Länder auslöste. Der Hutu-Tutsi-Konflikt hat Hekatomben von Toten hinterlassen und ganz Ostafrika destabilisiert, und als sei es damit nicht genug, hat die renommierte Hilfsorganisation *International Rescue Committee* eine Zahl veröffentlicht, die dazu zwingt, die Geschichte neu zu schreiben: Seit Ende der Mobutu-Ära kamen im Kongo 3,8 Millionen Menschen ums Leben, mehr als in allen anderen Krisengebieten Afrikas. Und diese historische Tragödie hat keinen Aufschrei hervorgerufen, sondern wurde von der Außenwelt weitgehend ignoriert, so daß man nicht von unterlassener Hilfeleistung, sondern von gezieltem Wegschauen sprechen muß.

Was ist passiert? Hat die internationale Gemeinschaft versagt? Gibt es eine erkennbare Ursache für das Massensterben oder einen Zusammenhang zwischen dem Genozid in Ruanda und dem kongolesischen Bürgerkrieg? Die Antwort lautet JA, aber sie bleibt unverständlich ohne die Kenntnis von Geschichte und Gegenwart der Region.

Ruanda und Burundi sind übervölkerte Kleinstaaten im Einzugsgebiet der großen Seen Afrikas, die aus sich heraus kaum lebensfähig sind: Immer weniger Land, durch Erosion erschöpft und durch Erbteilung parzelliert, muß immer mehr Menschen ernähren. In beiden Staaten wurde und wird die Mehrheit der Hutu von der Minderheit der Tutsi beherrscht, eine Dichotomie, die so nicht existiert anderswo in Afrika, wo sich in der Regel mehr als nur zwei Gruppen um die Vormachtstellung streiten. Die Experten sind uneins, ob es sich um einen ethnischen oder sozialen Konflikt handelt, ob die Tutsi-Nomaden Niloten waren, die aus dem Norden einwanderten und die Hutu-Ackerbauern unterwarfen, oder ob sie Angehörige ein- und derselben Ethnie sind, die sich in Ober- und Unterschicht aufspaltete. Der Augenschein spricht für die erste These, da die hoch gewachsenen Tutsi äußerlich an Äthiopier oder Somalis erinnern, während die kleinwüchsigen Hutu den Bantu-Völkern ähneln. Aber dem widerspricht der linguistische Befund: Beide sprechen die gleiche Sprache und haben dieselbe, auf Ackerbau und Viehzucht beruhende Kultur. Ihr Konflikt ist kein Ergebnis der Kolonialherrschaft, denn er war vor deren Beginn bereits voll ausgeprägt: Schon Anfang des 20. Jahrhunderts warnten Missionare vor einer Explosion der sozialen Unzufriedenheit, weil die Tutsi-Hirten die Hutu-Bauern unterjochten, doch das traditionelle Feudalsystem wurde durch *checks and balances* erträglich gemacht. Zwar stärkte die deutsche und später belgische Kolonialverwaltung die Tutsi-Herrschaft, trug aber gleichzeitig durch Missionsschulen zur sozialen Emanzipation der Hutu bei, bis der latente Konflikt sich nach der Unabhängigkeit gewaltsam entlud: Die Hutu-Mehrheit kam durch Wahlen an die Macht, während die Tutsi-Minderheit nicht nur um ihre Privilegien, sondern um ihr physisches Überleben bangen mußte.

Der Völkermord in Ruanda, ausgelöst im April 1994 durch den bis heute ungeklärten Abschuß eines Flugzeugs mit den Präsidenten Ruandas und Burundis an Bord, wurde begleitet von einem schleichenden Genozid im angrenzenden Burundi, der trotz südafrikanischer Vermittlung fast ungebremst weiterging. Mit ihrem Bevölkerungsüberschuß haben beide Staaten ihre ungelösten Konflikte in Nachbarländer exportiert, allen voran nach Kongo-Zaire, dessen Staatschef Mobutu im Sommer 1994 die Grenzen öffnete für die vor der Tutsi-Befreiungsfront fliehende Hutu-Armee. Dem Diktator stand das Wasser bis zum Hals, und er sicherte sein politisches Überleben, indem er den Tätern des ruandischen Völkermords in von der UNO errichteten Lagern Zuflucht bot. Ruandas Armee rückte 1996 mit Billigung der USA, denen Kabila im Vergleich zu ihrem früheren Klienten Mobutu als kleineres Übel erschien, in Ostkongo ein; gleichzeitig setzte sich die dort ansässige Tutsi-Minderheit, Banyamulenge genannt, nach Kinshasa in Marsch, wo Laurent Kabila mit ruandischer Hilfe die Macht ergriff. Als Kabila das Zweckbündnis aufkündigte, um die Reichtümer des Kongo – Gold, Diamanten, Uran, Coltan – seinem eigenen Volk zugutekommen zu lassen, wurde er im Januar 2001 von einem seiner Leibwächter ermordet – die Auftraggeber des Attentats kamen nie ans Licht. Seitdem ist Kabilas Sohn Joseph Präsident eines Marionettenregimes, das nur in der Hauptstadt Kinshasa regiert, während von Ruanda und Uganda gesteuerte Milizen die Ostprovinzen kontrollieren. Der Bürgerkrieg im Kongo ist ein Stellvertreterkrieg, und der falsche Eindruck, es handle sich um einen irrationalen Kampf aller gegen alle, lenkt von der Frage ab, wer vom Zerfall des Riesenlands profitiert und an dessen Destabilisierung Interesse hat.

Das Wegschauen der Weltöffentlichkeit zeugt von an Denkfaulheit grenzender Ignoranz – wer, außer ein paar Politikbeobachtern interessiert sich schon für Stammeskriege in Afrika? – oder von aus Schuldgefühlen gespeister Sympathie für Ruanda, das, obwohl selbst Schauplatz eines Genozids, für das Massenelend im Kongo verantwortlich ist: Daß Opfer und Täter die Plätze tauschen können, kommt professionellen Gutmenschen nicht in den Sinn, denn die Erbfeindschaft zwischen Hutu und Tutsi läßt sich vom Standpunkt politischer Korrektheit genauso wenig erklären wie der Staatszerfall auf dem schwarzen Kontinent, obwohl beides Folgen ethnischer Konflikte sind. Wer Hutu und Tutsi für nichtexistent erklärt oder für bloße Berufsbezeichnungen hält, wird unfähig, ein Katastrophenszenarium zu verstehen, das sich nicht länger auf die Kolonialzeit als Ursache zurückführen läßt – eine Sündenbock-Ideologie, die nur noch der Ablenkung von hausgemachten Problemen dient. Die von Ruandas Staatschef Paul Kagame ausgegebene Parole, es gebe nur noch Ruander und keine Hutu und Tutsi mehr, verschleiert die Kluft, die zwischen Worten und Taten klafft: Unter dem Deckmantel nationaler Versöhnung hat sein Militärregime die Hutu-Bevölkerung innerhalb und außerhalb Ruandas gnadenlos dezimiert und gleichzeitig den Kongo destabilisiert. Wem diese Aussage übertrieben erscheint, der sei an das Massaker im Flüchtlingslager Kibeho erinnert, wo die ruandische Armee am 22. April 1995 Tausende Hutu-Zivilisten tötete, überwiegend Frauen und Kinder – der Autor dieser Zeilen hat das Gemetzel aus nächster Nähe miterlebt.* Hilfsorganisationen schätzten die Zahl der Opfer auf 4.000 bis 8.000, doch die Regierung sprach von höchstens 300 Toten, die bei Kämpfen zwischen Hutu-Extremisten ums Leben gekommen seien. Wer solche Sprachregelungen unkritisch übernimmt, läuft Gefahr, zum Komplizen eines neuen Genozids zu werden. Und selbst wenn es stimmt, daß der Hutu-Tutsi-Konflikt, ähnlich wie der Stammeskrieg zwischen Hema und Lendu in Ostkongos Ituri-Provinz, mehr sozial als ethnisch bedingt ist, hat man ihn zwar umbenannt, aber nicht aus der Welt geschafft, und es fragt sich, was damit gewonnen ist, einen Völkermord zum Klassenkampf umzudeuten.

Paul Kagame und Yoweri Museveni, die Militärmachthaber Ruandas und Ugandas, gingen wie die Staatschefs Äthiopiens und Eritreas, Meles Zenawi und Isayas Afewerki, aus Befreiungsbewegungen hervor, und vielleicht erklärt dies das blinde Vertrauen, das die große Koalition der politisch Korrekten ihnen entgegenbringt – von der Weltbank über die Evangelische Kirche bis zur Bundesministerin für wirtschaftliche

* Vgl. meinen Bericht im Kapitel »Hier viele, viele Massaker …«

Zusammenarbeit, Heidemarie Wieczorek-Zeul (SPD), die wie die Grünenpolitikerin Uschi Eid zu Kagames treusten Freunden gehört.

Endlich, so schien es bis vor ein paar Jahren, gab es eine neue Generation afrikanischer Politiker, die westlichen Besuchern genau das versprachen, was diese hören wollten: Demokratie, Menschenrechte und zivilgesellschaftliche Toleranz. Daß die grimmige Wirklichkeit ihre schönen Worte Lügen strafte, spricht sich nur allmählich herum: Die einstigen Waffenbrüder Museveni und Kagame sind sich heute spinnefeind, genau wie Zenawi und Afewerki, die zu neuem Krieg rüsten, nachdem der erste wie das Hornberger Schießen ausging. Aber selbst Millionen Tote in Äthiopien, Eritrea und im kongolesischen Busch haben keinen Sinneswandel bewirkt, denn der Abschied von liebgewordenen Illusionen fällt nicht nur Gutmenschen schwer.

Trompeten der Nacht

Unterwegs im Herzen der Finsternis

1

Der Tote lebte noch. Er lag auf dem Rücken, den Kopf zur Seite gedreht, und rang röchelnd nach Luft. Sein Brustkorb hob und senkte sich bei jedem Atemzug, der den abgezehrten Körper durchlief, und die in Gummisandalen steckenden Füße zuckten haltsuchend durchs taunasse Gras. Eine Gruppe von Passanten, Mütter mit Kindern aus dem nächsten Dorf, umstanden ihn im Halbkreis und sahen ehrfürchtig schweigend seinem Todeskampf zu. Der Sterbende war achtzehn, höchstens zwanzig Jahre alt. Er trug zerschlissene Hosen und ein hellgraues T-Shirt, unter dem sich ein schnell größer werdender Blutfleck abzeichnete. Es war nicht ersichtlich, ob die Kugel seinen Bauch oder Rücken durchschlagen hatte, ob er auf der Flucht erschossen worden war oder seinem Mörder ins Gesicht geblickt hatte, als dieser seine Kalaschnikow auf ihn abfeuerte.

Es ist kurz nach acht, am 5. April 2005, vier Kilometer westlich von Masisi, einer Ortschaft im Osten der Kongo-Republik. Winkende Anwohner haben den Wagen der Welthungerhilfe, in dem ich sitze, zum Halten veranlaßt. Sie erzählen, aufgeregt gestikulierend, Milizangehörige hätten die Dorfbewohner zum Tragen von Lasten gezwungen und den Jungen, der sich ihrem Befehl widersetzte, auf der Stelle exekutiert. Die Frage nach den Tätern beantworten sie mit drei Buchstaben: RCD (*Rassemblement congolais pour la démocratie*) – so heißt die Bürgerkriegspartei, die diesen Abschnitt der durch Nord-Kiwu führenden Straße kontrolliert.

Was tun? Die Behörden zu alarmieren ist sinnlos, weil es in Ostkongo außer einander bekämpfenden Banden keine Staatsmacht gibt. Und wenn der Schwerverletzte beim Transport über die holprige Piste auf dem Rücksitz des Autos stirbt, macht man uns für seinen Tod verantwortlich.

Wir beschließen, die in Masisi stationierten UNO-Truppen zu informieren, aber das ist leichter gesagt als getan. Ihr mit Sandsäcken verbarrikadiertes Camp ähnelt einem Hospital, das so perfekt organisiert ist, daß es keine Patienten aufnehmen kann. Der Wachposten, ein Sikh mit Turban, versteht kein Englisch, sein Vorgesetzter ist in einem Meeting, und wertvolle Zeit vergeht, bis der Kommandeur von IND BATT 3 uns empfängt – falls der Erschossene noch am Leben war, ist er jetzt tot.

„Do you want coffee or tea“, fragt Oberstleutnant Ginesh, ein Inder mit Raketen-Emblem am Revers, und erkundigt sich, wie in Berlin das Wetter ist. „Human life has no value in Africa“, sagt er mit einem Stoßseufzer, als wir ihm den Grund unseres Kommens darlegen. „Dies ist der dritte Todesfall in einer Woche, und die Zunahme der Übergriffe zeigt, daß die Milizen nervös werden!“ Der vom Sicherheitsrat beschlossene Blauhelmeinsatz in Kongo, die weltweit größte und teuerste UNO-Mission, ist erst kürzlich verlängert worden. Aber obwohl der Schutz der Zivilbevölkerung zum Mandat der MUNOC (*Mission of the United Nations in the Democratic Republic of Congo*) gehört, besteht Ginesh darauf, uns zum Tee einzuladen, statt eine Patrouille loszuschicken.

Eine Stunde später ist der Tote verschwunden, als habe er sich in Luft aufgelöst. Die Menschen am Straßenrand geben keine Auskünfte mehr, sie legen Finger auf den Mund und deuten mit stummen Gesten auf eine Gruppe finster blickender Kämpfer, die demonstrativ die Gewehre durchladen, um ihrer Aufforderung zur Weiterfahrt Nachdruck zu verleihen.

„Diese Milizen sind eine Pest", hat Safari gesagt, ein Chauffeur der Welthungerhilfe, mit dem ich am Vortag vom kongolesischen Goma ins 150 Kilometer entfernte Masisi aufgebrochen bin. Goma am Nordufer des Kiwu-Sees ist ein von Gott verlassener und der Geschichte verfluchter Ort. Dreimal in nur zehn Jahren wurde die Stadt von humanitären Katastrophen heimgesucht: Im Sommer 1994 flohen eine Million Hutu, unter ihnen die Exekutoren des Völkermords in Ruanda, nach Goma, wo Zehntausende in aus dem Boden gestampften Flüchtlingslagern an Durchfall und Entkräftung starben – die Toten waren so zahlreich, daß sie von Bulldozern in Massengräber geschoben werden mußten. Zwei Jahre später wurde Goma von ruandischen Truppen besetzt, deren Vormarsch ins Landesinnere Kongos Diktator Mobutu stürzte und dessen Widersacher Laurent Kabila zur Macht verhalf. Und im November 1996 nahm Ruandas Armee das Lager Mugunga unter Beschuß und trieb Hunderttausende Hutu-Flüchtlinge mit Gewalt in ihre Heimat zurück; ihr Exodus wurde zum Todesmarsch, bei dem Kinder und Greise am Wegrand niedersanken und Hungernde wie Heuschrecken die Felder kahl fraßen. Als wäre es damit nicht genug, brach im Sommer 2000 der Nyiragongo-Vulkan aus und begrub Teile der Stadt unter einem Lavastrom, und aus dem Kiwu-See steigen Gasblasen, die Anwohner und Fischer töten.

„Ich habe mein Haus und meinen gesamten Besitz verloren, und keine Versicherung kommt für den Schaden auf", sagt Safari, der wie viele Kongolesen Ruanda für alles verantwortlich macht, was in Goma schiefgelaufen ist. „Ruanda hat seine ungelösten Konflikte in den Kongo exportiert. Die Tutsi sind Konquistadoren, sie haben uns bis aufs Hemd ausgeplündert, die Wellblechdächer unserer Häuser und sogar die fruchtbare Erde außer Landes geschafft!" Und er zeigt auf das, was übrig geblieben ist von Mugunga, dem größten Flüchtlingslager der Welt: Schwarzer Lavaboden, tagsüber heiß wie eine Elektrokochplatte, nachts eiskalt, zur Bebauung freigegeben für Opfer des Vulkanausbruchs, die hier, am Stadtrand von Goma, windschiefe Hütten errichten.

Meine Frage, ob das Leben unter Mobutu besser gewesen sei, ruft Gelächter hervor: Mobutu müsse eigentlich Mu-Hutu heißen, meint Safari, denn er habe die Grenze zu Ruanda geöffnet, den Hutu-Flüchtlingen Waffen und den Tutsi-Soldaten Land gegeben. „Damit fing unser Elend an!" Zum Beweis deutet er auf die umliegende Savanne, einst ein Naturpark mit Gazellen und Antilopen, die von Wilderern ausgerottet worden sind. Nur die Berggorillas in den Nebelwäldern der Vulkane hätten das Massaker überlebt, weil Parkwächter sie schützten. Im übrigen, fügt er ungefragt hinzu, erinnere er sich noch gut an die Kolonialzeit: Damals, unter belgischer Herrschaft, habe es ein funktionierendes Straßennetz gegeben, Schulbildung und Gesundheitsfürsorge seien gratis gewesen, niemand habe den Bauern die Ernte und ihren kärglichen Besitz geraubt.

Die von der Welthungerhilfe ausgebaute Piste führt von der Ebene in die Berge: Alle zehn Kilometer, vor jeder Wegkreuzung und jedem Ortseingang, haben Milizen Straßensperren errichtet: Militärpolizisten mit roten Armbinden unter dem Befehl von Gomas starkem Mann Tango Fort; versprengte Trupps der kongolesischen Regierungsarmee, zu Bandenkriegern mutiert, und mit Kalaschnikows bewaffnete Kindersoldaten der Maji-Maji, unverwundbar gemacht durch Zauberwasser, das nach Meinung des sonst eher skeptischen Chauffeurs wie eine kugelsichere Weste wirkt – Maja heißt Wasser auf Suaheli. Sowie, nicht zuletzt, Kämpfer der RCD, an deren Namen – *Rassemblement congolais pour la démocratie* – nichts stimmt, weil sie weder Kongolesen noch Demokraten sind: Es handelt sich um die von Ruanda ferngesteuerte Banyamulenge-Miliz – so heißt die im Kongo lebende Tutsi-Minderheit –, deren Führer Ruberwa in Kinshasa mitregiert. Obwohl miteinander verfeindet, tragen alle Milizen dieselbe giftgrüne Uniform und erhalten weder Sold noch Verpflegung, dafür aber Waffen und Munition, um sich an der örtlichen Bevölkerung schadlos zu halten. Ein Blick in die rot geäderten Augen der Kindersoldaten, die uns um Zigaretten anbetteln und schon vormittags bekifft oder betrunken sind, ist lehrreicher als langatmige Abhandlungen über *failed states*.

Das Rauben und Morden ist zum Selbstzweck geworden: Wie der Streit zwischen Katholiken und Protestanten im 30jährigen Krieg wird der Auslöser der Kämpfe, der aus Ruanda importierte Hutu-Tutsi-Konflikt, durch neue Frontstellungen überlagert, und die Todfeinde von gestern, Hutu und Tutsi, ziehen am gleichen Strang, wenn es darum geht, die Ressourcen Kongos auszuplündern. Das Land steckt voller Bodenschätze und ist so wasserreich, daß es ganz Afrika mit Energie versorgen könnte. Aber der natürliche Reichtum wird zum Fluch und kommt statt der hungernden Bevölkerung aggressiven Nachbarn zugute, allen voran Ruanda und Uganda, die das Machtvakuum ausnutzen und im Streit ums Verteilen der Beute von Verbündeten zu Feinden geworden sind. Kongo ist das Armenhaus Afrikas und rangiert am untersten Ende jeder Statistik, während die Sterberate alle Rekorde schlägt: Seit dem Sturz Mobutus kamen nach Angaben des *International Rescue Committee* (IRC) 3,8 Millionen Menschen ums Leben, nicht mit Macheten niedergemetzelt wie in Ruanda, sondern durch *Kollateralschäden* wie Plünderungen und Vergewaltigungen, Hunger und Krankheiten, sodaß man von einem schleichenden Genozid sprechen kann.

„Es gibt zwei Arten von Unterernährung", sagt Floribert Lukoo, Verwaltungschef des Hospitals von Masisi, der mir im Schein einer Taschenlampe gegenübersitzt. Wir essen Erdnüsse und trinken lauwarmes Bier – kulinarischer Luxus in einer Stadt, deren Bevölkerung nur am Tropf der UNO hängend überlebt: Ziehen die Blauhelme ab, flammt der Bürgerkrieg wieder auf. „Schlimmer als akute Unterernährung ist chronische Fehlernährung, die Organe und Hirnfunktionen schädigt. Die Menschen hier leben von Hilfsgütern, und die Frauen haben verlernt, wie man nahrhaftes Essen kocht. Ein Drittel der unterernährten Kinder ist kurz nach der Entlassung aus dem Hospital schon wieder unterernährt, weil die Mütter erneut schwanger sind. Die kritische Phase beginnt nach der Stillzeit, wenn die Kinder mit ein oder zwei Jahren sich selbst überlassen bleiben – ganz zu schweigen von Malaria, Tuberkulose und Aids!“ Er zeigt nach draußen, wo junge Mütter mit in Tücher gewickelten Säuglingen und ältere Geschwister mit kleinen Kindern an der Hand sich bei strömenden Regen unter eine Dachtraufe ducken, in der Hoffnung, ins Hospital aufgenommen und dort ein paar Tage lang durchgefüttert zu werden. *Espoir* (Hoffnung) heißt der eineinhalbjährige Sohn einer Fünfzehnjährigen, die ihr zweites Baby erwartet – der Name klingt wie Hohn beim Anblick des hohläugigen Gesichts mit der wie Seidenpapier knittrigen Haut.

Nächster Tag. Die Buschtrasse schlängelt sich zwischen steilen Hängen entlang, auf denen gebückte Frauen mit Kindern auf dem Rücken Maniok anpflanzen. Unter einer aus Baumstämmen gefügten Brücke tost ein Wildbach, und ein durch Erdrutsche entstandener See kommt in Sicht, von dem Enten auffliegen. Hier haben Maji-Maji-Krieger einem RCD-Kommando aufgelauert und schwere Verluste zugefügt. „Der Fuchs sagte zum Kleinen Prinz: Mein Leben ist langweilig“, steht mit Kreide an der Tafel der von der Welthungerhilfe renovierten Schule, die beim Rückzug der Milizen wieder zerstört worden ist: „Ich jage Hühner, und die Menschen jagen mich“ – ein passender Kommentar zum Kampf aller gegen alle in einem zerfallenden Staat, dessen Regierung nur noch auf dem Papier existiert.

„Schlimmer als die Gesetzlosigkeit ist die fehlende Moral“, sagt Günther, ein deutscher Agronom, während er mit Süßkartoffeln gefüllte Säcke auf einen LKW verlädt – Saatgut für brachliegende Felder, deren Besitzer vor den Kämpfen geflohen sind. „Die Bauern können nicht mehr und sind am Rande des physischen Zusammenbruchs." Umso wichtiger sei der Straßenbau – nicht nur wegen des ökonomischen Nutzens, der sich im Wiederaufleben der Märkte zeigt, sondern wegen des politischen Signaleffekts: Die Piste stellt Öffentlichkeit her, die es den Milizen erschwert, ungestraft zu rauben, morden und vergewaltigen. Vielleicht ist dies der Grund, warum RCD-Kämpfer ein Basislager der Welthungerhilfe in Niyabiondo überfielen, die dort abgestellten Baumaschinen zerschlugen, 12.500 Hacken und 50.000 Liter Dieselöl stahlen – der Schaden wird auf 300.000 Euro geschätzt.

Trotzdem gibt Günther nicht auf: Er ist fest entschlossen, die Trasse weiterzubauen, bis man wieder mit dem Auto von Goma ins 600 Kilometer entfernte Kisangani fahren kann, Schauplatz von Joseph Conrads *Herz der Finsternis*.

Wir passieren einen Vorposten indischer UNO-Truppen, eingeigelt in der Ruine einer Teefabrik wie eine römische Legion im Barbarenland. Links ein Bergmassiv, von dunklen Wolken umhüllt, aus denen Blitze zucken und eiskalter Regen prasselt. Dort oben wohnen Pygmäen, deren Dorf von den Kämpfen verschont blieb, weil die Milizen abergläubisch sind. „Trompete der Nacht" heißt ein Urwaldbaum mit weißen Blütenkelchen, der, passend dazu, am Wegrand wächst.

Kurz vor Walikale, im letzten Bauabschnitt, sind Kämpfer der Interahamwe stationiert, jener Hutu-Miliz, die den Genozid in Ruanda geplant und ausgeführt hat und vor dem Fluch der bösen Tat tief in den Kongo hinein geflohen ist. *Interahamwe* heißt Gemeinschaftsarbeit: Wie Sängerknaben sehen die mit Sprechfunk und MGs ausgerüsteten Soldaten nicht gerade aus, doch, 200 Kilometer von der Grenze entfernt, stellen sie für die ruandische Armee keine Bedrohung dar. Ich frage ihren Kommandeur, der seinen Namen mit *Mugabe* angibt und ein T-Shirt mit dem Porträt Osama Bin Ladens trägt, was er vom Waffenstillstand von San Egidio hält. Mit diesem in Rom verkündeten Friedensappell hat der politische Arm der Hutu-Miliz (FDLR – *Front démocratique pour la libération du Rwanda*) sich erstmals zur Verantwortung für den Völkermord bekannt und zur Rückkehr nach Ruanda bereiterklärt.

„Sehen Sie mir ins Gesicht", sagt Mugabe: „Ich bin kein Monster und wünsche nichts sehnlicher, als zu Hause in Frieden zu leben. Aber das Regime in Kigali spuckt auf unsere zur Versöhnung ausgestreckte Hand und fordert die bedingungslose Kapitulation, um uns in Schauprozessen abzuurteilen und in Massengräbern oder Gefängnissen verschwinden zu lassen. Nur wenn man mir Straffreiheit garantiert, lege ich die Waffen nieder und kehre freiwillig nach Ruanda zurück!"

2

Ortswechsel. Fast alles, was im Kongo fehlt, gibt es in Ruanda im Überfluß: Ruhe und Ordnung, frisch asphaltierte, saubere Straßen und einen spürbaren Wirtschaftsaufschwung. In der Hauptstadt Kigali werden Privatvillen, Geschäfts- und Bürogebäude aus dem Boden gestampft, und niemand weiß, ob das Geld dafür aus Ostkongo kommt – angeblich führt Ruanda Bodenschätze aus, die es nur dort gibt – oder ob ausländische Entwicklungshilfe, die zwei Drittel des Staatsbudgets abdeckt, den Bauboom finanziert. Das kleine Ruanda ist der größte Empfänger von Hilfsgeldern in der Region – 150 Millionen allein aus der Bundesrepublik – und profitiert vom schlechten Gewissen der Geberstaaten, die sich freikaufen wollen von ihrer Mitschuld am Völkermord von 1994, den sie durch frühzeitiges Eingreifen hätten stoppen können: Bis zu 800.000 Tutsi und oppositionelle Hutu fielen damals in wenigen Wochen dem Blutrausch der Interahamwe zum Opfer.

„Vor elf Jahren, am 14. April 1994, haben sie meine Eltern und Großeltern, Schwestern und Cousinen, Onkel und Tanten ermordet", sagt Rosette, eine Studentin der Soziologie, die mich durch das Genozid-Museum von Kigali führt. Sie schiebt die eiserne Abdeckung zurück und zeigt in eine Gruft, in der sich mit Plastikblumen geschmückte Särge stapeln, von denen jeder die sterblichen Überreste einer Großfamilie enthält. Im angrenzenden Tal wurden 20.000 Leichen exhumiert, in ganz Kigali sollen es 200.000 gewesen sein. Auf meine Frage nach dem Verbleib ihrer Angehörigen schüttelt Rosette stumm den Kopf. Sie hat nicht die Kraft, den Tätern gegenüberzutreten, die im Gefängnis auf ihren Prozeß warten; selbst wenn sie die Mörder ihrer Familie ausfindig machen könnte, würden die ihr nicht die Wahrheit sagen. Wir stehen vor einer Vitrine voller Schädel, die mit Knüppeln und Macheten gespalten worden sind – eine tödliche Kugel war ein Privileg, das Geld kostete. Daneben sind verrostete Schlüssel, blutgetränkte Hemden und vergilbte Paßfotos ausgestellt. Eine Besucherin, die auf einem Foto ihren vermißten Neffen erkennt, erleidet einen Nervenzusammenbruch und wird von einer Museumswärterin zum Ausgang geführt.

„Die Gatschatscha-Tribunale sind traditionelle Dorfgerichte", sagt Alfred Ndahiro, Medienberater und rechte Hand von Ruandas Präsident Kagame, der mich in der Lobby des Hotels *Mille Collines* erwartet, Schauplatz des gleichnamigen Films. „Es geht nicht um Bestrafung, die bei einer halben Million Mordverdächtiger unmöglich ist, sondern um den psychologischen Effekt, eine kollektive Katharsis. Im Vergleich zum Menschenrechtstribunal der UNO in Aruscha, das in zehn Jahren gerade mal zwanzig Täter verurteilt hat, kosten die Dorfgerichte fast nichts!"

Alfred Ndahiro trägt einen bestickten Baumwoll-Kaftan und nippt vorsichtig an seinem Bier. 1960, nach einem Pogrom gegen die Tutsi-Minderheit, verließ er seine Geburtsstadt Byumba und gelangte über Uganda nach England, wo seine Familie heute lebt. Erst nach dem Sieg der Tutsi-Befreiungsfront kehrte er nach Ruanda zurück. Den Waffenstillstand von San Egidio hält er für ein taktisches Manöver, mit dem die militärisch besiegte Hutu-Miliz ihre politische Isolierung beenden wolle. Ähnlich wie in Nachkriegsdeutschland werde die Aufarbeitung der Vergangenheit noch Jahrzehnte dauern, aber die offizielle Anerkennung des Völkermords sei ein positiver Schritt – bisher habe die FDLR stets vom *doppelten Genozid* gesprochen.

Ich will wissen, was sich hinter dieser Formulierung verbirgt: Ist es moralisch zulässig, die Toten im kongolesischen Bürgerkrieg auf eine Stufe zu stellen mit den Opfern des Genozids, wo es sich doch einmal um Kriegsfolgen handelt, das andere Mal um planmäßig exekutierten Massenmord? „Nennen Sie meinen Namen nicht", sagt ein in Ruanda stationierter Diplomat, der das Land aus langjähriger Erfahrung kennt, „sonst riskiere ich mein Leben – nicht bloß meinen Job. Paul Kagame ist ein skrupelloser Machiavellist, und die Rede vom doppelten Genozid hat durchaus Sinn, denn unter dem Deckmantel von Frieden und Versöhnung nahm sein Regime blutige Rache für den Völkermord. Bis 1998 wurden ehemalige Armeeoffiziere und Interahamwe-Kader systematisch liquidiert. Ich weiß das aus erster Hand, denn der Fahrer eines Militärlastwagens, der die Toten in Massengräber kippte, hat mir davon erzählt – kein Hutu, sondern ein Tutsi-Soldat! Später hat man die Leichen ausgegraben und als Opfer des Völkermords deklariert!"

Bis zum Beweis des Gegenteils gilt die Unschuldsvermutung, aber es gibt Indizien, die hellhörig machen. Kigalis Hauptstraße heißt *Rue de l'Armée*, und Ruanda ist ein straff organisierter Militärstaat, in dem strikte Geheimhaltung herrscht. Dissens wird nicht geduldet, Kritik ist nur an untergeordneten Behörden, aber nicht an der Regierung erlaubt, und abweichende Politiker werden mundtot gemacht, wie das Schicksal des früheren Staatschefs Bizimungu zeigt, eines gemäßigten Hutu und Gefolgsmannes von Kagame, der als angeblicher Hochverräter im Gefängnis sitzt. Kagame war Geheimdienstchef in Uganda, bevor die von ihm geführte Befreiungsfront Kigali eroberte und das Morden beendete. Seitdem sind die Bezeichnungen Hutu und Tutsi tabu. Offiziell gibt es nur noch Ruander, aber hinter den Kulissen werden alte Rechnungen beglichen, und unter dem Motto *Nie wieder!* hat Ruanda weite Teile Ostkongos unter seine Kontrolle gebracht: Ein Gebiet, neunundzwanzigmal so groß wie der Zwergstaat, der politisch zum Riesen geworden ist. Selbst bei weitherziger Auslegung von Ruandas Sicherheitsbedürfnis ist die de-facto-Annexion fremden Territoriums unvereinbar mit dem Völkerrecht. Kagames Militärdoktrin, die besagt, um Krieg zu verhindern, müsse er Krieg führen, und zum Schutz bedrohter Tutsi-Minderheiten sei jedes Mittel erlaubt, erinnert fatal an den Balkankrieg: Ganz ähnlich hatte der wegen Völkermords angeklagte Milosevic in bezug auf Serbien argumentiert.

3

Sprung über 500 Kilometer Luftlinie nach Bunia im Osten der Kongo-Republik. „Es kommt darauf an, wem sie diese Frage stellen", sagt Louis-Marie Bouaka, Koordinator für Menschenrechte, der mir im Hauptquartier der UN-Mission gegenübersitzt, die den Bürgerkrieg zwischen Hema und Lendu zu schlichten versucht. „Die politisch korrekte Ansicht besagt, daß es keine ethnischen Konflikte gibt, aber die Wirklichkeit sieht anders aus. Tribalismus, also Stammesdenken, ist das Hauptproblem Afrikas, und die Auflösung der Staatlichkeit, Somalisierung genannt, schreitet unaufhaltsam fort." Er legt mir eine Statistik vor, die das Grauen des Krieges in Zahlen überträgt, von denen jede, für sich genommen, Schwindel erregt: Allein in der an Uganda grenzenden Ituri-Provinz sind 50.000 Tote zu beklagen, die Wirtschaft ist zu 100%, die Infrastruktur zu 80%, die Landwirtschaft zu 60% zerstört, 50% der Frauen und Mädchen wurden vergewaltigt oder sexuell versklavt, und in den Flüchtlingslagern breitet sich Cholera aus.

Bouaka schaltet den Computer ab. Es ist stickig heiß in dem Bürocontainer, und er öffnet den obersten Kragenknopf. Der Stammeskrieg zwischen Hema und Lendu sei die Fortsetzung des Hutu-Tutsi-Konflikts, erläutert er, wobei Uganda an die Stelle Ruandas getreten sei. Aber durch Waffenlieferungen und die Rekrutierung von Kindersoldaten sei das Regime in Kigali im Osten des Kongo präsent. „Das Ganze wirkt wie die Neuauflage der alten Geschichte vom Ackerbauer Kain, der den Nomaden Abel erschlug – die Hema sind ein Hirten-, die Lendu ein Bauernvolk. Aber das bedeutet nicht, daß der ethnische Haß naturgegeben ist – er wird von machtgeilen Warlords künstlich erzeugt. Ich weiß, wovon ich rede, denn ich komme aus der Zentralafrikanischen Republik, wo der Putschoffizier Bokassa sich zum Kaiser krönen ließ!"

Ich bin früh am Morgen in Goma gestartet, und ein russischer Helikopter hat mich mittags in Bunia abgesetzt. Rachel, die Pressesprecherin der MUNOC, läßt mich stundenlang warten, vielleicht aus Rache für die Kritik der Medien am kostspieligen UN-Einsatz: Statt sie vor Übergriffen zu schützen, haben Blaumhelmsoldaten aus Jordanien minderjährige Mädchen in ihre Zelte gelockt und sexuell mißbraucht.

„Sex in Afrika", sagt Mario, ein italienischer Major, der mich in seinem Pick Up Truck mitnimmt, „ist eine Sache für sich. In Afghanistan wirst du umgebracht, wenn du eine Frau auch nur anschaust. Im Kongo dagegen ist Sex fast umsonst. Die Russen glauben, Wodka sei das beste Mittel gegen Aids. Ich bleibe lieber abstinent, denn meine Frau legt keinen Wert auf unerwünschte Souvenirs!"

Mario ist Minensucher, aber er sieht wie ein Pizzabäcker aus, und sein Wagen ist vollgepackt mit Keksen und mit Mineralwasser, das die Fahrt durch die stickig heiße Savanne erträglich macht. Wir sind mit einem UN-Konvoi unterwegs nach Kasenyj am Albertsee, zwei Schützenpanzer vorneweg, gefolgt von mit Hilfsgütern beladenen LKW und Jeeps mit Blauhelmsoldaten aus Bangla Desh.

Die Fahrzeugkolonne hält in Bogoro, einer von Deutschen errichteten Missionsstation mit Kirche, Schule und Hospital. Früher lebten hier überwiegend Hema, eine den Tutsi vergleichbare Oberschicht, die Handel und Viehzucht betrieb, bis Stammeskrieger der Lendu den Ort überfielen und die Häuser niederbrannten. Nur von Antennenmasten überragte Ruinen und ein verkohlter Palmstrunk mit dem Schild *Danger Mines!*, in dem eine nicht explodierte Panzergranate steckt, sind Zeugen der Kämpfe, vor denen die Missionare nach Uganda geflohen sind. Aufgebrachte Anwohner umringen uns und wollen wissen, wann die Deutschen nach Bogoro zurückkommen, um Schule und Hospital wiederaufzubauen, und warum die Bundesrepublik den Kriegsopfern keine Hilfe zukommen läßt. Die Antwort, erst müsse Frieden herrschen, und Deutschland habe mit seinen eigenen Problemen genug zu tun, überzeugt sie nicht, und als der Konvoi sich in Bewegung setzt, geht ein Hagel von Steinen auf die UN-Fahrzeuge nieder.

Bogoro ist bitterarm, und die Wut der Lendu-Bevölkerung wird verständlich angesichts der jüngsten Ereignisse: Im März 2005 griffen pakistanische UNO-Truppen das Dorf Loga an und töteten, als Reaktion auf die Ermordung von neun Soldaten aus Bangla Desh, 50 bis 60 Mitglieder der Lendu-Miliz. Die wirkliche Zahl dürfte höher liegen, denn an diesem Tag waren viele Frauen und Kinder auf dem Markt. Je nachdem, ob man mit einem Lendu oder einem Hema spricht, wird der Luftangriff als unmenschlich verurteilt oder als längst überfällig gelobt: Endlich habe die UNO Flagge gezeigt, heißt es, und ernstgemacht mit ihrem *robusten Mandat*. Der Erfolg scheint dies zu bestätigen, denn obwohl ein von MONUC-Chef Leslie Swing verhängtes Ultimatum im April ablief, kam die Entwaffnung der Milizen in Gang; nur zwei in den Untergrund abgetauchte

Warlords namens *Bosco* und *Bravo* boykottieren den Friedensprozeß.

Das Ergebnis dieser Politik, die Belohnung vor Strafe stellt, ist in Kasenyj zu besichtigen: Vor einem verfallenen Zollhaus am Ufer des Albertsees stehen Mitglieder der Hema- und Lendu-Milizen Schlange, um ihre Waffen niederzulegen und ins Zivilleben zurückzukehren, soweit dies in einem von Bürgerkrieg zerrissenen Land möglich ist. Die Prozedur dauert fünf Tage, in denen die Ex-Kämpfer unter einem Dach wohnen und lernen, daß Hema und Lendu keine Erbfeinde, sondern afrikanische Brüder und kongolesische Bürger sind – *Deprogrammierung* ist der Fachausdruck dafür. Der Sprecher des Entwaffnungskomitees, eine Distriktkommissarin aus Bunia und der traditionelle Chef der Hema rufen zu Frieden und Versöhnung auf. Captain Zahir, ein UN-Offizier aus Bangla Desh, liest eine von Applaus unterbrochene Ansprache auf Suaheli vom Blatt, und die Kindersoldaten schwören feierlich, daß sie das Kriegsbeil begraben wollen. Alle erheben sich und singen die Nationalhymne, in der von Kongos strahlender Zukunft die Rede ist. Der Pfarrer und der Mullah haben Tränen in den Augen, als man die Kämpfer für ihren Friedenswillen belohnt: Jeder kriegt 50 Dollar in bar, dazu eine Reisetasche, die ein Transistorradio, Kochtöpfe und eine Plastikplane enthält. 10.000 Milizangehörige sollen so die Fronten gewechselt haben, und 15.000 sind nach UNO-Angaben zur Entwaffnung bereit. Kein Wunder, denn 50 Dollar sind viel Geld hierzulande, wo man auf dem Schwarzmarkt schon für 25 Dollar eine Kalaschnikow bekommt.

„Glauben Sie wirklich, daß all die bösen Buben über Nacht zu Musterknaben geworden sind?" sagt Aristote Dezhunga, Chauffeur der UN-Agentur für Entwicklungshilfe. Wir trinken *Nile-Special*-Bier aus Uganda und blicken auf den in der Hitze dampfenden Albertsee, aus dem Träger an Land waten mit Schmuggelgütern auf dem Kopf – ein Bild wie aus einem Joseph Conrad-Roman. Aristote ist Hema und erzählt, die Lendu-Krieger hätten sich mit Drogen aus dem Gehirn tollwütiger Hunde aufgeputscht und seinem Onkel bei lebendigem Leib das Herz aus der Brust geschnitten. Ich will wissen, ob er trotzdem zur Versöhnung bereit ist.

„Vergeben ja, vergessen nein. Nach allem, was passiert ist, setze ich mich nie wieder mit einem Lendu an einen Tisch. – Justin Lobho ist eine rühmliche Ausnahme", fügt er hinzu und umarmt einen jungen Mann mit Ray Ban-Brille und Adidas-Schuhen, der politischer Kommissar der Lendu-Miliz war, bevor er sich freiwillig zur Entwaffnung gemeldet hat. Die beiden waren Jugendfreunde und flohen gemeinsam über den Albertsee nach Uganda, wo sie sich auf entgegengesetzten Seiten der Barrikade wiederfanden. Dort wurden sie von Milizen rekrutiert und kehrten als feindliche Brüder in ihre Heimat zurück. „Ich bin kriegsmüde", sagt Justin Lobho, als in der Nähe Schüsse zu hören sind, „und möchte in Deutschland *Business Management* studieren. Können Sie mir dabei behilflich sein?"

Postskriptum

Der Kongo im Spiegel europäischer Reiseberichte

In den Anrainerstaaten des Kongobeckens, zu denen auch das ostafrikanische Uganda und Ruanda gehören, haben sich ähnliche Fehlentwicklungen vollzogen, wie man sie aus Kambodscha und Osttimor, Albanien und Armenien, Liberia und Haiti kennt, wo es extreme Formen der Gewaltherrschaft gegeben hat und Massaker bis hin zum Völkermord – mit dem Unterschied, daß es sich um relativ entlegene, kleinere Länder handelt. Dagegen ist das Kongogebiet größer als Europa, und politische Verbrechen wie die Ermordung Patrice Lumumbas fanden unter den Augen der Vereinten Nationen und vor den Kameras der Weltpresse statt. Ähnlich wie die sibirische Landmasse bildet das Kongobecken so etwas wie einen eigenen Kontinent, der schwer zugänglich war, trotzdem oder gerade deshalb fremden Eroberern aber keine unüberwindlichen Hindernisse in den Weg legte. Im Gegenteil: Erschließung, Durchdringung und Unterwerfung des riesigen Raums vollzogen sich erstaunlich schnell und widerstandslos. Die Rede von weißen Flecken auf der Landkarte ist mehr als nur eine abgegriffene Metapher: Ein ideologisches Konstrukt, mit dessen Hilfe imperialistische Herrscher wie der König von Belgien oder der russische Zar konkurrierende Kolonialmächte von neu eroberten Territorien fernzuhalten versuchten. Wie Sibirien war die Kongoregion keine terra incognita, *denn lange bevor Henry Morton Stanley 1877 erstmals den schwarzen Kontinent durchquerte, waren arabische Elfenbein- und Sklavenhändler tief ins Innere Afrikas vorgedrungen – bekanntestes Beispiel ist der von Stanley als Führer angeheuerte Tippu Tip, der sein auf Sklavenjagden erworbenes Wissen in den Dienst der Kolonial-*

herren stellte und sich dafür gut bezahlen ließ. Schon Ende des 18. Jahrhunderts waren portugiesische Missionare und Pombeiros *genannte Kaufleute von Angola aus ins Einzugsgebiet des Kongo gelangt. Auf ihren Spuren folgte Hermann Wissmanns Afrika-Expedition hundert Jahre später dem Lauf des Kasai-Flusses:*

> *„Um 12 Uhr bemerkten wir in der Ferne einen Complex von Gebäuden, aus denen so etwas wie eine Flagge hervorragte […] Nachdem die Landung erfolgt war, belehrte uns eine gegenseitige Vorstellung, daß wir zwei englische Beamte des Kongostaates, von dessen Existenz wir noch nie vorher gehört hatten, Mr. Burton und Mr. Swinburne, vor uns sahen. Unsere erste Frage war nach dem Namen des 15–1800 m breiten Stromes, der vor uns lag und in welchen unser Kassai mündete. Es war der Kongo!"*

Reiseberichte sind keine objektive Wiedergabe von Erlebnissen und Begebenheiten, sondern Texte, die sich an literarischen Modellen orientieren. So hallt im unterkühlten Ton der zitierten Sätze das Understatement nach, mit dem Stanley auf seiner ersten Afrikareise, in Udjidji am Ufer des Tanganjikasees, den britischen Missionar Livingstone begrüßte: Dr. Livingstone, I presume!

Seit Herodot gehört es zu den ungeschriebenen Gesetzen der Reiseliteratur, die unterwegs bestandenen Risiken und Gefahren maßlos zu übertreiben und die fremde Fauna und Flora, Natur und Kultur noch monströser darzustellen als sie sind: Exotismus und Sensationalismus gehen eine innige Verbindung ein, so als hätten die Reisenden auf Schritt und Tritt ihr Leben aufs Spiel gesetzt – von Sindbad dem Seefahrer bis zu Peter Scholl-Latour:

> *„Gegen Abend sahen wir Flußpferde. Nur die Nüstern und Ohren zeichneten sich über dem gelben Wasser ab. Gelegentlich bliesen sie wie zum Spiel eine Wasserfontäne hoch. Als es Nacht wurde, leuch-*

teten die Augen der Krokodile rötlich aus dem Schilf des nahen Ufers. Die Reptilien erreichen hier eine Länge von sechs Metern.“

Selbst ein seriöser Berichterstatter wie Ryszard Kapuscinski ist vor Übertreibungen nicht immer gefeit, etwa wenn er schreibt, in Liberia würden die Kakerlaken groß wie Hummer und hätten Schnurrbärte wie Seeräuber. Diese Art von Jägerlatein ist ein literarisches Echo auf Jugendbücher und Abenteuerromane – von Brehms Tierleben *bis Karl May – und hat mit den wirklichen Gegebenheiten wenig zu tun: Als Peter Scholl-Latour den Kongo bereiste und Patrice Lumumba als „Lenin mit Mephistobärtchen“ verteufelte, waren die Galeriewälder weitgehend abgeholzt, Flußpferde und Krokodile waren selten geworden, und eine die Plantagen überwuchernde Sekundärvegetation hatte den Regenwald verdrängt.*

Das heißt nicht, daß Reisen in die Kongo-Region heute risikolos sind und daß es dort keine Gefahren für Leben und Gesundheit mehr gibt – von Landminen, MG- und Artilleriebeschuß bis zu Malaria tropica, *Ebola oder Aids: Viele neue Krankheitserreger wurden zuerst im Kongobecken registriert, und die Sumpfwälder Äquatorialafrikas sind noch immer ein Seuchenherd, der gefährliche Viren ausbrütet. So besehen, ist das folgende* Memento mori *von Herbert Ward, einem Mitarbeiter Stanleys, bis heute unvermindert aktuell, obwohl der Text vom Ende des 19. Jahrhunderts stammt, als Joseph Conrad im Auftrag der* Société Anonyme Belge pour le Haut Congo *den Fluß bereiste:*

„Und dann das wie ein Heiligtum betrachtete kleine Paket Briefe von dem Geliebten im Innern Afrikas, diese mit verschwommener, verwischter Tinte beschriebenen Papierbogen, voll von langen, rätselhaften Namen der Eingeborenenorte, voll froher Erwartung bezüglich der Rückkehr in die Heimat und einer Unmenge von Fragen über Familie und Freunde, die leider für immer unbeantwortet geblieben sind. Dann trifft in einem großen blauen Couvert aus

Brüssel die in kalte, höfliche Phrasen des Bedauerns eingekleidete offizielle Mitteilung ein, daß der Geliebte nicht wiederkehren wird. Schon vor Monaten ist die Leiche unter den schattigen Palmen zur Ruhe gebettet worden."

Schon früher hatte ein französischer Reisender, der das Kongogebiet mit Anspielung auf die Mongolei als Congolie bezeichnet, in seinem gleichnamigen Buch die gängige Rede von der grünen Hölle beim Wort genommen und literarisch auf den Punkt gebracht. Bukolisches Idyll und Horrorvision gehen hier bruchlos ineinander über und schießen zusammen zu einem düsteren Bild, das weniger in seinem blumigen Stil als im schockierenden Inhalt Joseph Conrads Herz der Finsternis vorwegnimmt:

„Ein Garten Eden! Ja, es ist ein Garten Eden mit Schmetterlingen wie fliegende Orchideen, die Flügel mit glitzernden Paletten geschmückt, flirrende Blüten inmitten von blühender Vegetation! Ein Garten Eden – wäre da nicht die erstickende, mörderische Tropenhitze, die den Geist niederdrückt und die Haut mit Schweiß benetzt; und träten nicht aus paradiesischen Hütten, die aussehen wie für Adam und Eva gemacht, widerwärtig in ihrer wilden Nacktheit, mit ihrem Raubtiergeruch, häßliche Neger mit wulstigen Lippen und Kannibalenzähnen, unstetem oder bösem Blick, von Pusteln und Tätowierungen verunstaltet, mit wunden Füßen, die Zehen von Hakenwürmern zerfressen." (Übersetzung H. C. B.)

Trotz der rassistischen Voreingenommenheit, die menschliches Elend zur boshaften Karikatur verzerrt, enthält auch dieser Text einen rationalen Kern; und es ist bezeichnend, daß der Augenschein an Ort und Stelle gerade die Details bestätigt, die aus heutiger Sicht unglaubwürdig oder übertrieben erscheinen. Das gilt beispielsweise für den von Afrikareisenden geschilderten Aberglauben, demzufolge Krankheiten und Todesfälle nie auf natürliche Ursachen, sondern stets auf Hexerei zurückge-

führt wurden: Nicht nur in entlegenen Dörfern, auch in der Hauptstadt Kinshasa und sogar in den Townships Südafrikas werden heute noch oder wieder Hexen verbrannt, und die vom Aberglauben profitierenden Medizinmänner führen blutige Exorzismusrituale durch. Hierher gehört auch das Phänomen der Lord's Army, *ein Heer zwangsrekrutierter Kindersoldaten, die sich um einen selbsternannten Propheten scharen und von Uganda aus in die Ostprovinzen der Kongorepublik einfallen. Schon Henry Morton Stanley hat die Folgen solcher Raubzüge eindringlich geschildert, wobei er hinzuzufügen vergaß, daß er nicht die Lösung, sondern selbst Teil des geschilderten Problems gewesen ist, weil die hungernde Bevölkerung mit der Verproviantierung seiner Expedition hoffnungslos überfordert war:*

> *„Um unsere Noth noch zu vermehren, geht es mit unsern Lebensmitteln zu Ende, wir haben fast nichts mehr, und wenn wir uns Nahrung verschaffen wollen, so wird dies Menschenleben kosten. Ein leerer Magen wirft auf die Prospecte in unbekannten, wilden Regionen wahrlich nur noch tiefere Schatten."*

Ähnlich wie der Amazonasurwald ist das Kongobecken biologisch artenreich, aber arm an Individuen, und nach Ausrottung der Büffel- und Elefantenherden zogen die Karawanen oft wochenlang durch die Wälder, ohne jagdbares Wild zu sehen. Hinzu kommt ein Phänomen, das heute noch anzutreffen und mitverantwortlich ist für die periodische Wiederkehr von Hungersnöten in Afrika: Bricht ein Bürger- oder Stammeskrieg aus, verlassen die Bauern ihre Dörfer und fliehen in den Busch. Die Felder liegen brach, Getreidespeicher werden geplündert oder gehen in Flammen auf, das Saatgut wird verfüttert oder verzehrt, und auf den Märkten gibt es kaum noch Lebensmittel. Der wirtschaftliche Kreislauf bricht zusammen, auf dem das Leben der Landbevölkerung beruht, und an seine Stelle tritt ein circulus vitiosus *von Hunger und Elend, Gewalt und Tod, der den Warlords Rekruten in die Arme treibt, weil der Krieg zum einzigen Arbeitgeber wird.*

Auch das hat Henry Morton Stanley drastisch geschildert, wobei seine Empörung über von Sklavenjägern angerichtete Massaker zwar moralisch berechtigt und psychologisch verständlich war, gleichwohl aber politischen Zwecken diente: Es ging um die Verdrängung der Araber aus ihrem afrikanischen Jagdrevier und um die Ersetzung primitiver Raubzüge durch raffiniertere Formen der Ausbeutung – die Bekämpfung des Sklavenhandels war nur ein Vorwand für die Gründung europäischer Kolonien. Doch noch in einem anderen Punkt wirkt die folgende Passage ausgesprochen modern: Stanley stellt Hochrechnungen darüber an, wie viele Menschen dem Kriegsgeschehen zum Opfer gefallen sind – nicht anders als das International Rescue Committee, *das den jüngsten Völkermord im Kongo statistisch zu erfassen versucht und dabei zu erschreckenden Resultaten gelangt. Mehr als 120 Jahre trennen den ersten vom zweiten Text; ich stelle beide Zitate unkommentiert nebeneinander und überlasse den Lesern die daraus zu ziehende Schlußfolgerung:*

> *„Fünf Expeditionen sind ausgesandt und mit ihrer Beute an Sklaven und Elfenbein zurückgekehrt, und wenn jede derselben den gleichen Erfolg gehabt hat wie die hier lagernde, dann dürften die Sklavenhändler insgesamt etwa 5000 Frauen und Kinder sicher nach Njangwe, Kirundu und Vibondo gebracht haben.*
>
> *Das ist bei einer so außerordentlichen Vergeudung an Menschenleben ein sehr kärglicher Gewinn. Um aus den 118 Dörfern die 2300 Sklaven zu erhalten, müssen in runder Summe 2500 Personen erschossen worden sein, während weitere 1300 aus Mangel an Lebensmitteln am Wege sterben. Wenn wir die vorstehenden Ziffern als richtig annehmen, dann ist die aus 5000 Sklaven bestehende Beute aus einem Gebiete mit einer Million Einwohnern auf Kosten des grausamen Todes von 33 000 Menschen gewonnen worden."*

„In Kongo-Kinshasa sterben nach einer Studie der amerikanischen Hilfsorganisation International Rescue Committee *bis zu 38.000 Menschen monatlich als indirekte Folge des 1998 ausgebrochenen und vor zwei Jahren beendeten Krieges. Vor allem Unterernährung und vermeidbare Epidemien wie Malaria, Gelbsucht und Durchfallerkrankungen sowie das Fehlen rudimentärer Gesundheitsfürsorge seien die Gründe dafür, heißt es in dem Bericht, den die Fachzeitschrift* Lancet Medical Journal *veröffentlichte. Zur Ermittlung der Zahlen hatten die Autoren 20.000 Haushalte im Kongo besucht und dabei Geburts- und Sterberaten erfaßt."*

(Frankfurter Allgemeine Zeitung, *7./8. Januar 2006)*

»Hier viele, viele Massaker ...«

Burundi, Ruanda und der ungesühnte Völkermord

Aus der Vogelschau sieht Burundi idyllisch aus: Von Nebel umwölkte Berggipfel, bewaldete Hänge, grüne Täler und Savannen, dazwischen der silberne Spiegel des Tanganjika-Sees, groß wie ein Binnenmeer. Nach der Landung bestätigt sich der Eindruck, es handle sich um einen afrikanischen Ableger der Schweiz: Gut asphaltierte, saubere Straßen, saftige Wiesen, auf denen Watussi-Rinder mit weit ausladenden Hörnern weiden, von hoch gewachsenen Tutsi-Hirten bewacht, entfernte Verwandte der alten Ägypter, die vor 400 Jahren nach Ostafrika eingewandert sein sollen, um die Hutu-Bauern, ein Bantu-Volk aus dem Kongo-Becken, zu unterwerfen. Die biblische Geschichte von Kain und Abel wiederholt sich hier: Vor unvordenklichen Zeiten erschlug der seßhaft gewordene Kain den Nomaden Abel. Seitdem zieht der Bruderzwist seine blutige Spur durch die Geschichte Ruandas und Burundis, deren Einwohner – zu 14 Prozent Tutsi und zu 85 Prozent Hutu – einander periodisch massakrieren: 1972 wurden in Burundi 200.000 Hutu-Evolués, lese- und schreibkundige Angehörige der Unterschicht, von der Tutsi-Armee ausgelöscht, und beim bisher schlimmsten Völkermord im benachbarten Ruanda haben Hutu-Milizen im Sommer 1994 bis zu einer Million Tutsi niedergemetzelt.

„Sie schießen zuerst und fragen danach, wer du bist", sagt Benno Schulten, ein Holländer, der seit einem Jahr in Bujumbura lebt und im Auftrag der Gesellschaft für Technische Zusammenarbeit (GTZ) Flüchtlingstransporte organisiert. Letzten

Herbst hat er einen Konvoi mit dreißig Lastwagen von Äthiopien nach Burundi gelotst und unterwegs keinen einzigen LKW verloren, wie er stolz hinzufügt. Die äthiopischen Fahrer riskieren ihr Leben, weil sie wie Tutsi aussehen. Kürzlich warf ein Attentäter eine Handgranate auf die Ladefläche eines LKW, der Flüchtlinge transportierte; es gab ein Dutzend Verletzte, aber der Fahrer kam mit dem Schrecken davon. Weniger Glück hatte ein südafrikanisches Fernseh-Team, dessen Auto auf der Rückfahrt nach Bujumbura von Unbekannten beschossen wurde. Der Wagen überschlug sich, und der Reporter Francis Victor wurde durch Fangschüsse liquidiert, als er blutend aus dem Autowrack kroch; der burundische Chauffeur und Übersetzer des Teams kam ebenfalls ums Leben, nur der Kameramann hat den Anschlag schwer verletzt überlebt: Er hatte die Gräber der bei den jüngsten Unruhen Ermordeten gefilmt. Noch schlimmer erging es einer seit Jahren in Burundi ansässigen Belgierin, die Mitte März an einer Straßensperre im Süden der Hauptstadt ohne Vorwarnung und ohne erkennbaren Grund aus nächster Nähe erschossen wurde – zusammen mit ihrer vierjährigen Tochter und einem belgischen Freund, der in Burundi Ferien machte.

Wer tut so etwas, und warum? Betrunkene oder durch Drogen aufgeputschte Teenager mit Kalaschnikows, Mitglieder der Hutu- oder Tutsi-Milizen *Sans Échec* oder *Sans Défaite*, wie sich die Killerkommandos hochtrabend nennen, die Morde begehen, um diese ihren politischen Gegnern in die Schuhe zu schieben. Das Ganze sei kein ethnischer Konflikt, meint Benno Schulten, sondern das Werk ehrgeiziger Warlords, die ihre Machtkämpfe auf dem Rücken der armen Bevölkerung austrügen. Waffen gibt es mehr als genug in Burundi als Hinterlassenschaft der Bürgerkriege im benachbarten Ruanda und Uganda, und die Flüchtlingslager hinter der zairischen Grenze sind voll von Kriegswaisen und arbeitslosen Jugendlichen, die nur darauf warten, sich für das ihnen angetane Leid zu rächen.

Zwar ist seit drei Tagen alles ruhig in Bujumbura, und bei Nacht sind keine Schüsse oder Explosionen mehr zu hören, aber eine nervöse Gereiztheit liegt in der Luft, die sich jeden Augenblick gewaltsam entladen kann – trotz oder wegen der ständigen Präsenz der Armee, die an strategischen Punkten der Stadt Straßensperren errichtet hat und jedes verdächtige Fahrzeug kontrolliert. Während sie Autos und Insassen nach Waffen durchsuchen, steht den Soldaten der Schweiß auf der Stirn – auch sie haben Angst.

Benno Schulten schärft mir ein, niemals zu fragen, ob jemand Hutu oder Tutsi sei; diese Frage sei in Burundi tabu und beantworte sich ohnehin meist von selbst. Wichtiger als die Zugehörigkeit zu diesem oder jenem Stammesverband sei die Tatsache, ob eine Person als gemäßigt oder als Extremist einzustufen sei. Und er übergibt mir eine Liste mit den Namen prominenter Politiker, hinter die er als Kurzcharakteristik ein V (für vernünftig) oder ein E (für extremistisch) gekritzelt hat.

Zusammen mit Jovitt, einem jungen Taxichauffeur, der im Herbst 1993 bei einem Massaker in seinem Heimatdorf seine Eltern und vier Geschwister verloren hat, besuche ich Bwiza und Buyenzi, zwei überwiegend von Hutu bewohnte Armenviertel, wo die Armee Anfang April mehrere hundert Menschen getötet und Tausende gewaltsam vertrieben hat. Wir fahren an zerstörten Häusern vorbei, die von Soldaten geplündert und dem Erdboden gleichgemacht worden sind: Eingestürzte Mauern, zerbeultes Wellblech, schwarz verkohlte Lehmziegel. Hier, sagt Jovitt vor einer mit Einschußlöchern übersäten Hauswand, wurde sein Nachbar, ein alter Mann aus Zaire, von Tutsi-Milizen in die Beine geschossen und mit einer Machete geköpft. Ich bilde mir ein, Blutspritzer zu sehen, aber Jovitt drängt zur Eile, denn die Straßen von Bwiza und Buyenzi werden von Armeepatrouillen kontrolliert, und Neugier macht verdächtig.

Jovitt zeigt mir seine Wohnung in einem zwischen Schrottplatz und Moschee versteckten Hinterhof, wo neben Bergen von altem Eisen Wäsche trocknet; eine tropfende Rohrleitung liefert einem Dutzend Familien Trinkwasser. Das winzige Zimmer ist durch einen Vorhang in Wohn- und Schlafraum abgeteilt; das Mobiliar besteht aus einer Schaumgummimatratze, dem Farbposter eines taiwanesischen Filmstars, Bibel und Gesangbuch. Jovitt zeigt mir seine Mitgliedskarte, die ihn als Missionar der Neuapostolischen Kirche ausweist; wie viele seiner Landsleute ist er einer messianischen Sekte beigetreten, die Erlösung aus dem irdischen Jammertal verheißt.

Wir verlassen Bujumbura und fahren am Ufer des Tanganjika-Sees entlang zum 15 Kilometer entfernten Gatumba an der Grenze zu Zaire. Vor zwei Wochen sind Tausende von Hutu-Flüchtlingen aus Bwiza und Buyenzi auf dieser Straße um ihr Leben gelaufen. Die Strandhotels, in denen sich die *Jeunesse dorée* vergnügte, dienen heute der burundischen Armee als Trainingslager; zwischen den Touristenbungalows sind Tutsi-Soldaten in Stellung gegangen, und hinter den Dünen sind mit Netzen getarnte Geschütze aufgefahren, die Mündungsrohre aufs Seeufer gerichtet zur Abwehr einer aus Zaire befürchteten Invasion. Vor der Brücke über den Rusisi werden wir an einem Checkpoint kontrolliert; obwohl ich keinen Paß bei mir habe, winkt der Posten mich durch. In dem unter Naturschutz stehenden Flußdelta gibt es Nilpferde und Krokodile; Jovitt erzählt, nach dem Völkermord in Ruanda seien die Krokodile besonders fett gewesen, weil täglich Tote im Rusisi schwammen, die von Wildschützern angelandet und begraben worden seien.

Am Ortseingang von Gatumba biegen wir rechts ab zu einem Flüchtlingslager, das zehntausend Hutu-Vertriebene beherbergt. Die am Tor postierten Soldaten verweigern mir den Zutritt: Ich solle am nächsten Morgen wiederkommen – der Kommandant sei heute nicht zu sprechen. Um einen außerhalb des Lagers wachsenden Baum, eine gewaltige Schirmakazie, drängt sich eine vielköpfige Menschenmenge, Flüchtlinge aus

Bwiza und Buyenzi, die auf dem Gelände der ehemaligen Missionsschule in Zelten leben. Sie stehen Schlange nach Reis, der unter Aufsicht eines Caritas-Helfers vom Lastwagen herab an Bedürftige verteilt wird. Ich bin umlagert von Flüchtlingen, die mir mit stummen Gesten signalisieren, daß sie Hunger haben. „Geben Sie den Leuten nichts", sagt Monsieur Brignol aus Perpignan mit südfranzösischem Akzent: „Sie behaupten, sie hätten ihre Ausweise verloren und tragen sich unter falschen Namen in die Listen ein. Hinterher verkaufen sie ihre Reisrationen auf dem Markt. Die Armee schafft vollendete Tatsachen, und wir müssen anschließend die Scherben aufsammeln. Sie sehen ja, wohin das führt!" Und er verjagt mit Fußtritten einen Jungen, der sich die Taschen mit Reis vollgestopft hat.

Zwischen niedrig ziehenden Wolken bricht die Sonne durch und malt wandernde Schatten auf die Berge am Westufer des Tanganjika-Sees. Der Kontrast zwischen der Schönheit der Natur und dem Elend der Menschen hier könnte kaum größer sein: Sie schlafen in Zelten auf dem nackten Lehmboden, der sich bei Regen in Morast verwandelt, und sind tagsüber der Willkür der Tutsi-Armee und nachts dem Terror der Hutu-Milizen ausgeliefert. Die Solidarität mit dem ethnischen Clan funktioniert wie das Schweigegelübde der Mafia, hat der UNO-Beauftragte Ould Abdallah erklärt, der im Auftrag von Boutros Ghali zwischen den feindlichen Lagern zu vermitteln versuchte: Wer sich den extremistischen Führern widersetzt, hat sein Leben verwirkt.

Auf der Rückfahrt zum Hotel gebe ich in der UN-Mission und im Haus des früheren Staatschefs Pierre Buyoya sowie seines politischen Kontrahenten Jean-Baptiste Bagaza Visitenkarten ab. Beide entstammen der Tutsi-Elite, haben in der Armee Karriere gemacht und sind weitläufig miteinander verwandt; aber während Buyoya als gemäßigt eingestuft wird, gilt Ex-Diktator Bagaza als unberechenbar. Beide residieren im gleichen Villenviertel Bujumburas, einen Steinwurf entfernt von den Gräbern der königlichen Familie, die Burundis staatliche Einheit und Unabhängigkeit symbolisiert. Die Märtyrer der Nation sind umsonst gestorben, ihr historisches Vermächtnis ist heute nur noch ein frommer Wunsch: UBUMWE (Einheit) – IBIKORWA (Arbeit) – AMAJAMBERE (Fortschritt) steht auf einem die Gräber überwölbenden Triumphbogen, dessen Marmorsockel Anwohnern zur Verrichtung der Notdurft dient. Jovitt drängt zum Aufbruch; in einer Stunde tritt das Ausgehverbot in Kraft, und die Hügel oberhalb der Stadt werden nach Einbruch der Dunkelheit von bewaffneten Banden unsicher gemacht.

„Ich bin Extremist", sagt Josef F. Derweduwen, ein belgischer Autoersatzteilhändler, der seit dreißig Jahren in Burundi lebt. „8. Mai – Kapitulation nein danke!", steht auf einem Aufkleber an der Tür zu seinem Büro. „Die Demokratie hat uns nichts als Unglück gebracht. In Afrika herrscht das Führerprinzip – die Leute hier wollen einen starken Mann. Unter der Militärregierung waren die Straßen sauber, mit Kriminellen wurde kurzer Prozeß gemacht. Jetzt bin ich in Bujumbura meines Lebens nicht mehr sicher und laufe stets mit einem geladenen Revolver herum. Ich bin der letzte Weiße, der hier die Stellung hält. Europa hat uns verraten – an Stelle von Eingreiftruppen schickt man uns Menschenrechtsexperten auf den Hals. Zum Begräbnis der am 19. März ermordeten Belgier hat Brüssel nicht mal einen Vertreter entsandt – nur Fallschirmjäger gaben den Toten das letzte Geleit. Ich habe Madame Salle und ihre Tochter gut gekannt. Sie war fünf und nicht vier Jahre alt, und der Anschlag geschah um sechs, und nicht um sieben, wie die Presse schreibt. Lauter Lügen!"

Ich will wissen, wer die Tat begangen hat. Herr Derweduwen sieht mich erstaunt an. „Fragen Sie Madame Rurasabagiza, meine burundische Mitarbeiterin, die kann Ihnen erklären, wer dahintersteckt. Wenn ich es sage, glauben Sie mir nicht, und es heißt gleich wieder, ich sei Nazi oder Rassist!"

„Für Ausländer ist es schwer zu verstehen“, sagt die schwarze Geschäftsführerin, der Herr Derweduwen zwanzig Prozent seiner Firma überschrieben hat, und klimpert nachdenklich mit ihrer Goldkette. „Die Hutu sind eine schmutzige Rasse. Sie haben keinerlei Ehrgefühl. Sie nehmen dein Geld, und hinter deinem Rücken verleumden sie dich. Heute lecken sie dir die Füße ab, und morgen schneiden sie dir die Kehle durch. Wir Tutsi sind kinderlieb und würden niemals Babys töten, außer wenn jemand eine Handgranate wirft. Die Hutu planen den Völkermord, aber die Zeiten sind vorbei, wo wir Tutsi uns wie Vieh zur Schlachtbank führen ließen. Ich bin bereit zu sterben, aber vorher nehme ich 30 oder 40 Hutu mit in den Tod. Schreiben Sie das ruhig, Monsieur!“ Und sie fuchtelt mit ihrem Lineal herum wie ein Samuraikämpfer, der Scharen von Feinden köpft.

„Es gibt keine Zivilgesellschaft in Burundi“, sagt der aus Mauretanien stammende UN-Diplomat Ould Abdallah, der mich am Nachmittag in seinem von Blauhelmsoldaten bewachten Büro empfängt, „genausowenig wie es in Nazideutschland oder im stalinistischen Rußland eine zivile Gesellschaft gegeben hat. Der Virus der Angst geht um, und niemand ist gegen die Ansteckung immun. Die Demagogen beider Seiten schaukeln sich gegenseitig hoch; den Völkermord, den sie ihren Gegnern unterstellen, planen sie selbst. Es gibt nur noch Extremisten in diesem Land, und die Gemäßigten sind eine von Ausrottung bedrohte Minderheit. Die UNO hat mich als neutralen Vermittler nach Burundi entsandt, aber ich fühle mich eher wie ein Soldat im Schützengraben. In der Presse tobt eine Schlammschlacht gegen mich – die Zeitungen bewerfen mich mit Dreck. Fragen Sie Monsieur Bagaza, warum er zum Mord an US-Botschafter Krueger und mir aufruft, und wie er mit brüderlicher Hilfe von Ghaddafi seine Todesschwadronen finanziert. – Und grüßen Sie ihn von mir!“

Die letzte Frage beantwortet sich von selbst, denn am nächsten Morgen bin ich mit Deogratias Niyonzima verabredet, der als Chefideologe der Tutsi-Milizen und Drahtzieher ihres Terrors gilt. Mein Hutu-Chauffeur weigert sich, in die Tutsi-Hochburg Ngagara zu fahren – zwischen den von Hutu und Tutsi bewohnten Stadtvierteln verlaufen unsichtbare Grenzen, deren Überschreiten lebensgefährlich ist. Cassius, ein siebzehnjähriger Tutsi, springt ein, er ist Schüler, fährt seit neun Jahren Auto und interessiert sich nicht für Politik. Das Büro der SOJEDEM – so heißt die legale Dachorganisation der Tutsi-Extremisten – ist in einem Schulgebäude untergebracht, vor dem bewaffnete Bodyguards in Jogginganzügen herumlungern. Einer von ihnen hat eine bandagierte Hand. Auf die Frage, was passiert sei, zuckt er die Achseln und grinst: Er habe sich beim Obstschälen in die Finger geschnitten.

„Ich wußte, daß Sie pünktlich sein würden", sagt Deogratias Niyonzima und bittet mich in sein mit Anrufbeantworter, Computer und Fax ausgestattetes Büro. „Auf Deutsche ist immer Verlaß. Sie sagen die Wahrheit und verbreiten keine Lügen, wie es französische Reporter tun." Der SOJEDEM-Chef trägt eine dunkle Brille und sieht aus wie der Anführer einer Street Gang in Los Angeles. Er hat in Abidjan und Kinshasa Theologie studiert und wurde zum Priester geweiht, bevor der Dominikanerorden ihn wegen politischer Aktivitäten ausschloß. Im Herbst 1993 ist seine Familie in einem ethnischen Massaker ermordet worden – ein Trauma, das ihn zum Extremisten werden ließ.

Im Gespräch tischt Deogratias faustdicke Lügen auf: Von Tutsi-Milizen habe er noch nie etwas gehört; die Mitglieder der *Sans Échec* und *Sans Défaite* seien Drogenhändler und Kriminelle; mit denen habe er nichts zu tun. Dagegen sei SOJEDEM eine karitative Organisation, die Flüchtlinge mit Lebensmitteln und Medikamenten versorge – unabhängig von der Stammeszugehörigkeit. Anstatt die Vertriebenen in ihre Heimatorte zurückzubringen, was nicht praktikabel sei, sollten die Flüchtlingslager in feste Dörfer umgewandelt werden. Die Bundesrepublik könne dabei helfen, mit Baumaterial und Saatgut zum Beispiel. Im Klartext heißt das: Die internationale Gemeinschaft soll die ethnische Säuberung sanktionieren, anstatt sich mit ungebetenen Ratschlägen in Burundis Innenpolitik einzumischen wie US-Botschafter Krueger, der angeblich Verkehrstote fotografiert, um sie als Opfer von Massakern auszugeben. Danach wird Deogratias noch deutlicher. Das Prinzip *one man, one vote* sei zwar richtig für Südafrika, aber nicht übertragbar auf Burundi – das Land sei noch nicht reif für die Demokratie. Tutsi und Hutu müßten sich getrennt entwickeln, in einer Art Apartheid; zuerst aber müsse der Genozid gestoppt werden, den die Hutu-Milizen nicht bloß planten, sondern praktizierten. Bonn liefere ihnen die Waffen für den Völkermord: bei der letzten Razzia in der Hutu-Hochburg Kamenge seien aus der Bundesrepublik stammende G-3-Gewehre gefunden worden. Ob ich mehr darüber wissen wolle? Deogratias erklärt mir fachmännisch den Unterschied zwischen dem belgischen FAL-Sturmgewehr und der deutschen G-3. Dann greift er zum Telefon und ruft einen Oberst an, dessen Nummer er im Anrufbeantworter gespeichert hat. Seine Behauptung, er habe keinerlei Verbindung zur Armee, wird dadurch Lügen gestraft.

Ich sitze mit Benno Schulten beim Mittagessen, als die Druckwelle einer Detonation uns fast von den Stühlen fegt. „Ich wette, das war keine Handgranate“, sagt Benno, während er sich den Staub vom Jackett klopft, „sondern Dynamit!“ In dem kleinen Hotel nebenan, keine hundert Meter entfernt, ist eine Bombe explodiert, die das obere Stockwerk wie ein Kartenhaus zusammenfallen ließ. In Windeseile verbreitet sich das Gerücht, ein Tourist aus Zaire habe in seinem Hotelzimmer eine Bombe gebastelt oder eine Mine gelegt. Niemand fragt nach dem Motiv, als sei die Explosion im Stadtzentrum nichts Besonderes.

Als der Rauch sich verzogen hat, sehen wir, daß der Rasen unseres Hotels mit Scherben und Trümmern übersät ist. Die Druckwelle hat Mauerbrocken und Fenstergitter in den Garten geschleudert. Erst eine halbe Stunde später trifft die Polizei am Tatort ein, aber aus Angst vor versteckten Bomben betritt kein Uniformierter das Hotel.

„Niemand plant einen Völkermord", sagt Ex-Staatschef Pierre Buyoya, „aber es gibt rücksichtslose Fanatiker, die den Staat durch Terroranschläge destabilisieren und einen Bürgerkrieg herbeibomben wollen. Angst und Haß sind der beste Nährboden für ihre extremistische Politik." Der Ex-Offizier hat an der Bundeswehrakademie in Hamburg studiert; 1992 trat er die Macht an eine demokratisch gewählte Regierung ab und ruft seitdem die verfeindeten Volksgruppen zu Frieden und Versöhnung auf.

„Burundi ist nicht Ruanda", setzt Buyoya hinzu. Bisher habe die Anwesenheit internationaler Beobachter das Schlimmste verhindert. Die Mörder wüßten, daß ihre Untaten registriert würden. Aber neutrale Vermittler hätten einen schweren Stand. Nicht nur den US-Botschafter und den UN-Beauftragten – auch ihn und seine Familie hätten die Extremisten auf die Abschußliste gesetzt.

„Die Presse sendet falsche Signale aus", behauptet Jean-Baptiste Bagaza, der mich im Kreis seiner Mitarbeiter auf der Terrasse sitzend empfängt: „Man sagt, ich sei ein gefährlicher Terrorist!" Seine Untergebenen brechen in schallendes Gelächter aus. Burundis Ex-Diktator, der Menschenrechtsbeobachter und Missionare auswies, einen Konflikt mit der Kirche vom Zaun brach und enge Beziehungen zu Libyen und zum Iran unterhielt, wirkt jovial wie ein biederer Familienvater. Er trägt schlecht sitzende Hosen und ein Nylonhemd, nuschelt beim Sprechen und verschwindet alle fünf Minuten im Nebenzimmer, um ans Telefon oder auf die Toilette zu gehen. Hinterher will er wissen, worüber in seiner Abwesenheit gesprochen worden ist. Seine gespielte Harmlosigkeit kaschiert lauerndes Mißtrauen und eine wache Intelligenz – so ähnlich stelle ich mir Stalin vor.

Aufschlußreicher als Bagaza selbst sind die Physiognomien seiner Mitarbeiter, Chargen aus einem Gangsterfilm, die ihrem Chef jedes Wort von den Lippen ablesen. Der erste fordert im Hetzblatt *L'Étoile* zur Ermordung von Diplomaten auf, der zweite sitzt im ZK der radikalen Tutsi-Partei PARENA, der dritte ist ein dichtender Arzt, der in die Politik gegangen ist. Bagaza überläßt ihnen das ideologische Blabla, das wie das Klappern zum Handwerk gehört. Er selbst sagt keinen zitierfähigen Satz, abgesehen von der verräterischen Formulierung, nicht Burundi müsse sich der Demokratie, sondern diese müsse sich den hiesigen Gegebenheiten anpassen. „Zweikammernsystem und so", wirft der Zeitungsredakteur ein. Bagaza stimmt ihm zu mit den Worten: „Ja, aber es muß demokratisch aussehen." Ohne es zu wissen, hat er Walter Ulbricht zitiert.

Zum Abschied fragt er mich, wie Hitler es geschafft habe, sechs Millionen Juden umzubringen. Ob das technisch möglich gewesen und ob die Zahl nicht übertrieben sei?

Ich antworte mit einer Gegenfrage: Ob Bagaza sich vorstellen könne, noch einmal Staatschef zu werden, gesetzt den Fall, der derzeit amtierende Präsident, ein gemäßigter Hutu, käme bei einem Attentat oder einem Unfall ums Leben? Bagaza winkt ab: Er habe keinerlei politische Ambitionen, aber als Soldat dürfe er den Befehl nicht verweigern, wenn das Vaterland ihn ruft.

Am nächsten Morgen breche ich mit einem Hilfskonvoi zu den im Grenzgebiet zu Tansania gelegenen Flüchtlingslagern auf. Ein Mitarbeiter der IFRK (Internationale Förderation des Roten Kreuzes) aus Ostberlin, der zu DDR-Zeiten in Mozambique gearbeitet hat, nimmt mich in seinem mit rotem Halbmond gekennzeichneten Auto mit. Die Straße windet sich zwischen den für Burundi typischen grünen Hügeln entlang, auf denen Hutu-Bauern ihre Acker bestellen und von Tutsi-Hirten bewachte Rinder grasen. Der friedliche Eindruck täuscht: Wir fahren an niedergebrannten Häusern vorbei, deren Bewohner geflohen sind, und werden von grimmig blickenden Soldaten nach Waffen durchsucht, als sei das Rote Kreuz eine Krieg führende Partei. Die Tutsi-Armee ist vergrätzt, weil die aus Ruanda geflohenen Hutu mit Lebensmitteln versorgt werden, während ihre Landsleute leer ausgehen, denn aus Sicht der Hilfsorganisationen gehören Flüchtlinge und interne Vertriebene nicht zur gleichen Kategorie, was für die Betroffenen schwer nachvollziehbar ist.

Wie gespannt die Lage ist, zeigte sich nach dem Massaker in Gashorwe Ende März, als 40.000 Hutu-Flüchtlinge Hals über Kopf das Lager Magara verließen und von Panik getrieben zur tansanischen Grenze aufbrachen: Ein 15 Kilometer langer Treck verzweifelter Menschen, die, von Hilfsorganisationen notdürftig versorgt, elf Tage lang unter freiem Himmel kampierten, ehe es dem Flüchtlingshilfswerk der Vereinten Nationen gelang, sie auf Lastwagen zu repatriieren. Zwar forderte der Massenexodus nur zwölf Tote, aber bei ihrer Rückkehr nach Magara waren die Flüchtlinge ohne Dach über dem Kopf: Tutsi-Soldaten und plündernde Anwohner hatten ihren Hausrat gestohlen und ihre Hütten plattgemacht.

Als wir mittags in Magara eintreffen, ist gerade die Essensausteilung im Gange. Wie Vieh vor einer Verladerampe warten 40.000 Personen, durch Laufgatter kanalisiert, seit Stunden in sengender Sonne auf ihre wöchentliche Reisration, die burundische Rotkreuzhelfer unter Aufsicht eines Frankokanadiers verteilen. Ich komme mit einem Volksschullehrer ins Gespräch, dessen Familie mit vierzehn Kindern beim Vormarsch der Tutsi-Armee am 22. Juli 1994 getötet worden ist. François Nzabakenga hat in Kigali Französisch unterrichtet und besaß dort ein

Haus, das die neue Regierung beschlagnahmt hat; ginge er nach Ruanda zurück, würde man ihn umbringen.

Kurz vor unserem Eintreffen wurde ein einheimischer Rotkreuzhelfer von Soldaten aus dem Lager abgeführt und in der angrenzenden Kommandantur krankenhausreif geschlagen. Er hatte den „Boy" eines Offiziers beim Stehlen von Reis ertappt und mit einem blauen Farbklecks gekennzeichnet – ob scherzhaft oder im Ernst, war nicht mehr festzustellen. Als wir beim Militärposten vorfahren, um Beschwerde einzulegen, wird dort gerade eine Ziege geschlachtet – von dem Rotkreuzhelfer keine Spur. „Hutu-Jugendliche, die Schulen besuchen, leben gefährlich", sagt Yves Lapointe, der Pressesprecher der IFRK. Er erzählt, aus Angst vor Handgranaten, die nachts in die Schlafsäle geworfen würden, übernachteten die Schüler des Internats von Ngozi neuerdings auf dem Flur.

Am späten Nachmittag überqueren wir die Grenze nach Tansania. Es gießt wie aus Kübeln; links und rechts der Straße vom Regen gepeitschte Zelte, unter die sich tansanische Soldaten ducken. Der Genozid in Burundi und Ruanda treibt immer neue Flüchtlingswellen über die Grenze: Eine Völkerwanderung, deren Ausmaß ich erst am nächsten Tag begreife, als ich das Lager Benaco besuche, das, wie Magara in Burundi, zur zweitgrößten Stadt Tansanias geworden ist. Soweit das Auge reicht, sind die kahlen Hügel mit Hütten übersät, in denen 211.000 Menschen auf kleinstem Raum unter Plastikplanen vegetieren; nur den freiwilligen Helfern des Roten Kreuzes und den *Médecins Sans Frontières* ist es zu verdanken, daß keine Hungersnot oder Seuche ausgebrochen ist. Sie leben von Reis, Mais und frischem Gemüse, das sie auf dem Grund eines Sees anpflanzen, der von Flüchtlingen leergetrunken wurde – buchstäblich und nicht im übertragenen Sinn. Die tansanische Armee verbietet ihnen die landwirtschaftliche Nutzung des Bodens und versucht, nachrückende Familienmitglieder am Überschreiten der Grenze zu hindern –, nicht aus bösem Willen, sondern weil die Aufnahmekapazität erschöpft ist. Ähnlich wie im benachbarten Zaire ist die Bevölkerung der Grenzregion hoffnungslos in der Minderheit gegenüber 600.000 Hutu, von denen bisher nur 600 freiwillig nach Ruanda zurückgekehrt sind.

„Wir erleichtern ihnen die Rückkehr, aber wir zwingen sie nicht dazu", erklärt Elko Brouwer, ein Niederländer, der im Auftrag des IFRK in wenigen Wochen eine Großstadt aus dem Boden gestampft hat. Aus seiner Sicht ist Benaco ein Erfolg: Für nur drei Dollar pro Person hat sein Team Tausende von Latrinen gebaut, die weniger kosten, als ein Europäer pro Jahr für Toilettenpapier ausgibt. Zwar werden die Bewohner von Benaco mit allem Lebensnotwendigen versorgt – in den Lagerstraßen werden alte Reifen zu Sandalen verarbeitet, Schneider und Friseure üben unter freiem Himmel ihr Handwerk aus, und im Hotel *Exotica* wird aus Bananen gebrautes Bier ausgeschenkt – aber der Anschein von Normalität täuscht, denn die Lagerinsassen sind wehrlos dem Terror der Hutu-Milizen ausgeliefert, die Minderjährige zwangsrekrutieren und Rückkehrwillige drangsalieren. In das vom DRK aus Fertigbauteilen errichtete Hospital wird gerade ein junger Mann eingeliefert, der bei einer Messerstecherei schwer verletzt worden ist; auf die Frage nach dem Hergang schüttelt er stumm den Kopf.

Fahrt zu den am Grenzübergang zu Ruanda gelegenen Rusumo-Falls: Hier, im Quellgebiet des Nils, wo der Ruvubu in den Kagera mündet, trieben vor einem Jahr, auf dem Höhepunkt des ruandischen Völkermords, Tausende von Toten den Fluß hinab, die sich am Fuß der Wasserfälle zwischen Klippen und abgerissenen Ästen stauten – ein menschlicher Mahlstrom, der das Fassungsvermögen des Fernsehens sprengte. Der Horrorfilm geht weiter: Oberhalb der Fälle haben tansanische Soldaten ein Netz gespannt und fischen täglich Tote aus dem Fluß, die, in Plastikfolie gewickelt und in Massengräbern versenkt werden. Im März waren es 67, seit Anfang April nur noch einer pro Tag. Auch heute hängt wieder ein Toter im Netz. Ob wir ihn sehen möchten? Oder ob wir an Fotos interessiert sind – gestochen scharf, in Farbe? Zum Abschied legen uns die Leichenfischer ihr Gästebuch vor, in dem, neben den Toten vom Tage, die Namen der Besucher registriert sind.

Szenenwechsel. Ruandas Hauptstadt Kigali sieht ähnlich wie Bujumbura aus, nur mit dem Unterschied, daß jedes dritte oder vierte Haus in Trümmern liegt. Die Fensterscheiben sind zerbrochen, Wände und Dächer von Einschüssen zersiebt: Der Bürgerkrieg, den Ruanda schon hinter sich hat, steht Burundi erst noch bevor.

Beim Einchecken ins Hotel *Mille Collines* begegnet mir ein junger Mann, der stark hinkt und merkwürdig geistesabwesend wirkt. Meine Frage, ob er eine Kriegsverletzung habe, will er nicht beantworten. – Nein, es sei ein Unfall gewesen, aber... – Aber was? – „Ich habe eine Dummheit gemacht«, sagt er zögernd. „Und was war das für eine Dummheit?"

„Ich..." Er fängt an zu stottern: „Ich habe meine Schwester vergewaltigt." – Wie bitte? – „Ich habe meine Schwester vergewaltigt. Vor den Augen der Eltern. Ich mußte es tun. Sie haben mich dazu gezwungen." Wer? „Interahamwe, die Hutu-Miliz. In Gikongoro, Butare Distrikt, letztes Jahr im April." – „Und wo ist deine Schwester jetzt?" – „Sie ist tot."

Es gibt einen Grad des Elends, der sprachlos macht. Ich lade den jungen Mann zum Essen ein. Raphael Nzeyimana ist 35 Jahre alt und hat Ingenieurwissenschaft studiert; sein Vater war Hutu und die Mutter Tutsi. Mehr sagt er nicht. Er lädt sich den Teller voll und schaufelt stumm die Mahlzeit in sich hinein. Beim Kaffee setzen wir das Gespräch fort. Raphaels Vater war Fuhrunternehmer und besaß einen Pickup-Truck. Die Flucht der Familie war für den nächsten Morgen geplant, als Hutu-Milizen das Haus besetzten. Die Kämpfer der Interahamwe waren maskiert. Sie zwangen Raphael, seine Schwester zu vergewaltigen, bevor sie diese zusammen mit der Mutter zerstückelten; der Vater und zwei ältere Brüder wurden erschossen, der jüngste, acht Jahre alt, mit der Machete gevierteilt. Raphael sprang aus dem Fenster und versteckte sich in einem Erdloch, wo er eine Woche lang ausharrte; um seinen Hunger zu stillen, hatte er sich Hirse in die Taschen gestopft.

Raphael ist der letzte Überlebende seiner Familie, aber für ihn ist das Leben nicht mehr lebenswert. Er kann nachts nicht schlafen, hat Mühe, sich zu konzentrieren, und ist seit Monaten ohne Arbeit. Die Frage, ob er mir bei der Akkreditierung behilflich sein wolle, beantwortet er mit einer Gegenfrage: „Woher wissen Sie, ob ich morgen noch am Leben bin?" Die Täter haben ihr Ziel erreicht: Die Überlebenden folgen den Opfern freiwillig in den Tod – Ruanda wird derzeit von einer Selbstmordwelle heimgesucht.

Besichtigung des Zentralgefängnisses von Kigali. Obwohl ich die schriftliche Genehmigung des Justizministers vorweise, läßt der Posten am Schlagbaum mich nicht passieren: Heute sei Besuchstag, ich solle morgen wiederkommen. Am nächsten Tag ist der Direktor nicht zu sprechen, und ich warte stundenlang vor seinem von Soldaten bewachten Büro, während Häftlinge in rosa Pyjamas mit Eimern und Schaufeln zur Arbeit ausrücken. Ein an die Wand gepinnter Erlaß weist darauf hin, daß der erste Jahrestag des Völkermords kein gesetzlicher Feiertag ist und daß Justizangestellte pünktlich zur Arbeit erscheinen müssen. Weiter heißt es, bei der Inhaftierung krimineller Elemente sei es vereinzelt zu Menschenrechtsverletzungen gekommen: Übergriffe der Zivil- und Militärbehörden würden nicht geduldet und streng bestraft. Daneben ein Einschußkrater, in dem eine großkalibrige Granate steckt. Nachdem ich die von Häftlingen gemalten Bilder in seinem Büro bewundert habe, gibt mir der Direktor grünes Licht. Ein

Kalfaktor schließt das Gittertor auf, und eine doppelte Eisentür fällt hinter mir ins Schloß.

Schon nach den ersten Schritten bekomme ich Atemnot. Das für 2.000 Personen berechnete Gefängnis, ein Fort aus der Kolonialzeit, ist mit 8.600 Häftlingen belegt, Kopf an Kopf im Innenhof stehend und wie Sardinen in winzige Kojen gepfercht; Sitzplätze auf Ecken und Mauervorsprüngen sind eine Rarität; selbst Pfützen und Abwässergräben dienen erschöpften Gefangenen als Ruhestätte. Die meisten von ihnen sind Mitglieder von Hutu-Milizen, die für Massenmorde und Greueltaten an Tutsi-Zivilisten verantwortlich gemacht werden. Die Kommandostruktur ist intakt geblieben: Der Chef des internen Sicherheitsdiensts nimmt mich in Empfang und führt mich durch eine in der Menge sich öffnende Gasse zu einem Mann mit Brille, der als Pressesprecher fungiert, aber seinen Namen nicht nennen will. Wie alle Häftlinge trägt er einen rosa Pyjama, aber anders als seine Mitgefangenen wirkt er wohlgenährt. Er erklärt, obwohl die Regierung ihm Straffreiheit zugesichert habe, sei er nach der Rückkehr aus dem Exil verhaftet worden und warte seit neun Monaten auf seinen Prozeß. „Wir sind Geiseln, die zur Ermordung ausersehen sind." – „Das wird die internationale Gemeinschaft nicht zulassen. Die Haftbedingungen werden vom Roten Kreuz kontrolliert." – „Ja, aber bis die UNO sich zum Eingreifen entschließt, sind wir alle tot. Wir bekommen nur einmal Essen pro Tag, abgesehen von proteinhaltigen Keksen, die das Rote Kreuz verteilt. Die Sterberate liegt bei acht bis zehn Personen pro Nacht. Das ist ein Fortschritt. Früher starben mehr Häftlinge."

Ein Schwerkranker, der aussieht, als habe er AIDS im finalen Stadium, wird auf einer Bahre abtransportiert, gefolgt von hinkenden Männern mit bandagierten Beinen, Plastiktütchen mit Pillen in Händen. Ich presse mir ein Taschentuch vor die Nase und gehe an der Latrine vorbei, vor der sich eine lange Schlange gebildet hat. Jeweils vier Häftlinge schlagen in Eimern ihr Wasser ab. Durchfallkranke halten sich ständig in der Nähe des Abtritts auf. Bevor ich das Gefängnis verlasse, stellt man mir den Vizepräsidenten der früheren Regierung vor, der als Staatsgast die Bundesrepublik besucht hat; er trägt mir Grüße an den Bundespräsidenten auf, die ich hiermit ausrichte.

„Es gibt zwei Arten von Massakern in Ruanda, und beide werden häufig miteinander verwechselt", sagt Botschafter Hummel, während seine Frau in die Hände klatscht, um die Fledermäuse zu verscheuchen, die nach Einbruch der Dunkelheit in den Garten der Residenz einfallen. „Der Völkermord an den Tutsi war ethnisch motiviert – früher sagte man rassisch dazu. Die Racheakte der ruandischen Armee dagegen sind politisch motiviert. Sie dienen der Abschreckung."

Am nächsten Morgen fliege ich mit einem UN-Hubschrauber ins Flüchtlingslager Kibeho; Kent Pagc, der Presseoffizier der UNAMIR (*United Nations Mission in Ruanda*) hat mir einen Platz im Helikopter reserviert. Unter uns im Nebel dampfende Täler, nur Bergrücken ragen aus den Wolken hervor. Nach der Landung werden wir von sambischen Blauhelmsoldaten zum Flüchtlingslager eskortiert, an dessen Tor uns ein ruandischer Armeeposten die Weiterfahrt verwehrt: Journalisten haben keinen Zutritt zum Lager an diesem Tag. Schon von weitem ist Gefechtslärm zu hören: Gewehrschüsse und ratternde Salven aus Kalaschnikows, unterbrochen vom dumpfen Knall einer Handgranate oder Bazooka. Ab und zu zischt ein Querschläger oder eine verirrte Kugel vorbei, vor der wir hinter einer Hauswand in Deckung gehen. Ringsum, soweit das Auge reicht, zerstörte Hütten, von denen nur verkohlte Gerüste übriggeblieben sind, zerknüllte Plastikplanen und zerbeultes Kochgeschirr. Der Boden ist mit Frauen- und Kinderschuhen, Maiskörnern und Bohnen übersät.

„Here many, many massacres", sagt ein sambischer Blauhelmsoldat in gebrochenem Englisch. Der nächstgelegene Hügelkamm ist schwarz von Menschen, die in Panik wie Ameisen durcheinander wimmeln. Die ruandische Armee hat 80.000 Flüchtlinge dort zusammengetrieben und in einen immer enger werdenden Belagerungsring gepfercht. Auf diese Weise sollen die von Hutu-Milizen terrorisierten Menschen, unter denen sich mutmaßliche Massenmörder versteckt halten, zur Rückkehr in ihre Dörfer gezwungen werden, wo die Rache der Tutsi-Bevölkerung sie erwartet. Die Flüchtlinge kampieren seit Tagen unter freiem Himmel, brennender Sonne und eiskaltem Regen ausgesetzt, der den Boden zu Morast aufweicht, ernähren sich von mitgebrachtem Mais und trinken verseuchtes Wasser aus Pfützen, in denen Exkremente schwimmen. Eine Durchfallepidemie ist die Folge; der Wind treibt mir ekelerregenden Gestank in die Nase. Versuche von Hilfsorganisationen, den Flüchtlingen Brennholz und frisches Wasser zu liefern, wurden ebenso von der Armee abgewiesen wie das Angebot der UNO, diese mit Lastwagen zu evakuieren. Tutsi-Soldaten schießen über die Köpfe der Menge hinweg, die in Todesangst durcheinander wogt; wer strauchelt und stürzt, wird von Nachdrängenden niedergetrampelt.

Von Zeit zu Zeit gelingt es einem der Eingeschlossenen, aus dem Kessel zu fliehen; die Ausbrecher werden von Soldaten wie Hasen über die Hügel gehetzt. Ein Schuß, ein Rauchwölkchen, der Fliehende taumelt und fällt zu Boden; aus der Entfernung ist nicht ersichtlich, ob er tödlich getroffen, verletzt oder nur gestolpert ist. Später wird er auf einer Bahre zu einem Armeezelt gebracht, vor dem Tote und Verwundete aufgereiht liegen. Ein Flüchtling, der den Kordon durchbrochen hat, wirft sich uns zu Füßen und murmelt eine religiöse Litanei; er ist zum Skelett abgemagert und blutet aus einer Kopfwunde. Während sie ihn abführen, schlagen Tutsi-Soldaten mit Stöcken auf ihn ein. Meine Frage, was mit ihm passiert, wird mit einem Achselzukken beantwortet. „This man dead“, murmelt ein sambischer Leutnant und beklagt sich darüber, daß ihm die Hände gebunden seien: Die UN-Truppen dürften nur zusehen, aber nicht eingreifen.

Unter dem Vorwand, uns vor dem Regen zu schützen, werden wir unter militärischer Bedeckung zu einem Haus eskortiert, das keinen Ausblick ins Freie erlaubt. Auf dem Boden liegen Karteikarten der ehemaligen Missionsschule verstreut, ein zerfetztes Gesangbuch, leere Bierflaschen und blutige Damenslips: Als habe hier ein Massaker stattgefunden oder eine Vergewaltigung – vielleicht auch beides zugleich.

Ich spreche meinen Bewacher an, einen jungen Tutsi, der eine Gürtelschnalle mit dem Hammer- und Zirkel-Emblem der DDR und westdeutsche Adidas-Turnschuhe trägt. Er ist Anfang 20, Kriegswaise aus Uganda und seit fünf Jahren bei der Armee, hat keine Schule besucht und nichts gelernt außer dem Umgang mit Handgranaten und Kalaschnikows.

Um zwölf Uhr mittags rückt der Posten die als Barriere dienende Schulbank zur Seite und läßt mich ins Lager ein. Das Gemetzel, das ich bis jetzt aus sicherer Entfernung beobachtet habe, ist plötzlich zum Greifen nah. In den durch Sandsäcke und Stacheldraht vom Lagerinnern abgetrennten UN-Compound werden pausenlos Verletzte gebracht, die von Rotkreuzhelfern unter Einsatz ihres Lebens aus dem Kessel geborgen werden. Ein Mitarbeiter der *Caritas* erzählt mit schreckensbleichem Gesicht, ein Tutsi-Soldat habe ihn mit vorgehaltener Waffe bedroht, bevor er das Feuer auf die Flüchtlinge eröffnete – nicht über die Köpfe hinweg, sondern gezielt in die Menge hinein.

Das Ärzteteam der *Médecins Sans Frontières* kann den Andrang der Verwundeten nicht mehr bewältigen und ist am Rande des Nervenzusammenbruchs. Freiwillige Helfer halten Beutel mit Infusionslösungen hoch; aus durchweichten Verbänden tropft Blut, das am Boden zu Pfützen zusammenläuft. Eine junge Frau ringt röchelnd nach Luft; sie hat einen klaffenden

Schnitt am Hals; ihr Atem geht stoßweise und setzt dann ganz aus. Die Sterbende wird in eine Decke gewickelt und ruandischen Militärs übergeben. Sanitäter der australischen Armee bereiten Schwerverletzte zur Evakuierung vor; die meisten von ihnen hängen am Tropf; wertvolle Zeit geht verloren, bis am Lagertor postierte Soldaten die Lastwagen passieren lassen – für die meisten Verwundeten kommt die Hilfe zu spät.

Eine Sandsackbarriere mit niedergetretenem Stacheldrahtzaun markiert die Grenze, welche die Todgeweihten von der Welt der Lebenden trennt. Auf der einen Seite wohlgenährte Blauhelmsoldaten, die sich die Flüchtlinge mit langen Stangen vom Leib halten; auf der anderen Seite Greise, Mütter und Kinder, von denen viele zu schwach sind, um die proteinhaltigen Kekse zu kauen, die Helfer mit Gummihandschuhen ihnen durch Lücken im Zaun zustecken. Von Zeit zu Zeit wird ein unterernährtes Kind über die Absperrung gereicht und, mit Streicheleinheiten und Süßigkeiten überhäuft, der Mutter zurückgegeben.

Ich klettere über die Barriere und bereue es im selben Augenblick. Schon beim ersten Schritt wird mir weich in den Knien. Eine Mutter streckt mir ihr Baby entgegen; wimmernde Greise klammern sich an meinen Annen und Beinen fest. Ich versuche den am Boden Liegenden auszuweichen, aber kein Fußbreit ist frei, und ich steige über Tote und Sterbende hinweg, die sich noch bewegen und leise stöhnen wie im Schlaf. Ich habe Angst zu stolpern und im Flüchtlingselend zu versinken wie in einem Ozean. Bevor die Flut über mir zusammenschlägt, zieht ein ukrainischer Blauhelmsoldat mich über die Absperrung und renkt mir dabei fast die Schulter aus.

Am Ausgang des Kessels werden rückkehrwillige Hutu-Flüchtlinge von Tutsi-Soldaten nach Waffen durchsucht. Daneben die Erste-Hilfe-Station: Ruandische Rotkreuzhelfer öffnen die Tür zu einem Krankenzimmer, aus dem mir gellendes Geschrei entgegenschlägt; mehr als 200 Kinder sind hier untergebracht, die an diesem Morgen zu Waisen geworden sind.

Ein junger Mann wird eingeliefert, dem ein Hieb mit der Machete einen Teil des Unterkiefers abgeschlagen hat; sein Mund ist eine sabbernde Wunde, die von Sanitätern mit Jod bestrichen wird. Der mich begleitenden Entwicklungshelferin aus Algerien wird schlecht, sie übergibt sich würgend. Der ukrainische Blauhelmsoldat flößt ihr Whisky ein. William Clarance, UN-Menschenrechtskommissar für Ruanda, nimmt uns in seinem Landrover mit; trotz seines diplomatischen Status hat die Tutsi-Armee ihm den Zutritt zum Lager verwehrt, und er will wissen, ob es Tote gegeben und wer auf wen geschossen hat. Der weißhaarige Jurist aus Kanada, der an das Gute im Menschen glaubt, ist nervös, weil er dem Generalsekretär in New York einen Rapport schreiben muß: Durch das, was wir übereinstimmend berichten, wird seine optimistische Prognose Lügen gestraft, Ruandas Armee und Regierung wollten Frieden und Versöhnung und es gäbe keine Racheakte an der Hutu-Bevölkerung.

Es regnet in Strömen, und wir fahren vorbei an einer endlosen Prozession von Flüchtlingen, die barfuß durch den Schlamm waten. Auf der Straße nach Butare sind 30.000 Menschen unterwegs. Ihr Exodus wird zum Spießrutenlaufen: Aufgebrachte Anwohner werfen mit Steinen, und Tutsi-Soldaten schlagen mit Stöcken auf die Hutu-Vertriebenen ein. Über Funk hören wir erste Meldungen über ein Massaker im Flüchtlingslager Kibeho, in denen von bis zu 8.000 Toten die Rede ist. Die Regierung in Kigali spricht von lediglich 300 Todesopfern, deren Leichen am nächsten Morgen der Presse vorgeführt werden, nachdem die als Massengräber dienenden Latrinen von Bulldozern geleert worden sind.

Postskriptum

Zur juristischen Aufarbeitung des Völkermords

Nur langsam sickert die Erkenntnis durch, daß in Afrika, wie anderswo in der Welt, Gut und Böse nicht eindeutig zu trennen sind. Zwei Meldungen, die in diesen Tagen über die Agenturen tickerten, machten dies schlaglichtartig klar: Zum einen gab Ruandas Regierung bekannt, daß demnächst 8.000 traditionelle Dorfgerichte, Gatschatscha genannt, die juristische Aufarbeitung des Völkermords beginnen und, gestützt auf 87.000 von der GTZ erstellte Akten, 550.000 Angeklagte aburteilen sollen. Schwindelerregende Zahlen, denn dem Genozid von 1994 fielen bis zu einer Million Menschen zum Opfer, unter ihnen die wenigen ausgebildeten Juristen des Landes.

Die zweite Meldung widerspricht der ersten. In einem offenen Brief an den Chefankläger des Internationalen Ruanda-Tribunals mit Sitz in Aruscha (Tansania) hat Professor Filip Reyntjens von der Universität Antwerpen seine Mitarbeit aufgekündigt mit dem Argument, das von der UNO eingesetzte Gericht sei ein Instrument einseitiger Siegerjustiz: Obwohl es rechtskräftige Beweise gebe für von der Tutsi-Armee verübte Massaker, werde nur den Hutu-Milizen der Prozeß gemacht, und das UN-Tribunal sende die falsche Botschaft aus, indem es Mitglieder der ruandischen Regierung von Strafverfolgung freistelle.

Das Gericht in Aruscha hat nicht nur unabhängige Experten wie Professor Reyntjens dazu veranlaßt, öffentlich auf Distanz zu gehen. Auch die ruandische Regierung hat mehrfach ihr Mißfallen kundgetan und die Zusammenarbeit ganz aufgekündigt, weil das UN-Tribunal, anders als das Menschen-

rechtstribunal für Jugoslawien in Den Haag, nicht effizient arbeite und nur durch überhöhte Spesen von sich reden mache. Die Kritik ist berechtigt, und Ruandas Reaktion auf die Verschleppung der Verfahren war die Einberufung traditioneller Dorfgerichte, denen die GTZ Amtshilfe leisten soll. Doch die Ernennung und Ausbildung von Laienrichtern durch Kagames Militärregime, das berüchtigt ist wegen fehlender Gewaltenteilung und mangelnder Transparenz, wirft mehr Fragen auf, als sie beantwortet. Das Tribunal in Aruscha hat die Entsendung von Prozeßbeobachtern angekündigt, deren professionelles Know-how den Laienrichtern zur Verfügung stehen soll. Doch solange das UN-Gericht sich vom Wohlwollen der ruandischen Regierung abhängig macht, statt dieser kritisch auf die Finger zu schauen, bleibt das pure Augenwischerei, und die juristische Aufarbeitung des Völkermords steht unter keinem guten Stern.

»Sie finden immer einen Grund, dich zu töten ...«

Augenschein in Liberia

Vor ein paar Jahren kaufte ich von einem Straßenhändler in Cotonou, der Hauptstadt des westafrikanischen Benin, eine Videokassette mit dem Titel *Carnets secrets d'Afrique*. Dahinter verbarg sich kein Pornofilm, sondern eine Dokumentation der jüngsten Geschichte Afrikas, von der Ermordung Lumumbas und vom Bürgerkrieg in Biafra bis zur Landung der US-Marines in Somalia. Auf dem Videoband ist zu sehen, wie Liberias Präsident Samuel Doe im September 1990 von Rebellenführer Prince Johnson zu Tode gefoltert wird – also doch Pornographie. Die Szene wurde in Monrovia von einem palästinensischen Kameramann gefilmt. Doe, ein ehemaliger Unteroffizier der liberianischen Armee, der 1980 seinen Vorgänger Tolbert aus dem Amt putschte und seine Mitverschwörer später ermorden ließ, liegt, nur mit der Unterhose bekleidet, gefesselt am Boden, zu Füßen des Rebellenführers, der zur Auskostung seines Triumphs eine Dose Budweiser Bier trinkt. Prince Johnson hatte Doe in die Falle gelockt, indem er sich von seinem Rivalen Charles Taylor lossagte und seine eigene Befreiungsfront gründete (INPFL – *Independent National Patriotic Front of Liberia*), die der von der Rebellenarmee bedrängten Regierung Verhandlungen anbot. Does nackte Arme sind auf dem Rücken zusammengebunden, eine aus Sklavenzeiten stammende Art der Fesselung, die tiefe Fleischwunden hinterläßt, in Liberia *to tabay* genannt. Jedesmal, wenn Doe vor Schmerz die Besinnung verliert, schüttet Prince Johnson ihm Bier auf den Kopf. Ich erspare den Lesern weitere Einzelheiten des Verhörs, in dessen Verlauf Doe seine eigenen Ohren aufessen muß, die ihm vor laufender Kamera abgeschnitten worden sind. Am Ende des Films liegt der Präsident sterbend in einer Blutlache und fleht seinen Folterer an, ihn zu töten, was dieser höhnisch zurückweist mit dem Satz: „Don't bring that thing to me!" (Komm mir nicht auf die Tour!) Die Videokassette ist ein Bestseller in Liberia.

Anflug auf Monrovia. Weites offenes Land, durchzogen von lehmgelben Lagunen und Mangrovensümpfen, über denen die Luft zu kochen scheint. Aus Holzkohlemeilern steigt Rauch auf; hier wird der Sekundärwald gerodet oder ein abgeerntetes Feld verbrannt. Unter uns jetzt eine zerborstene Ölraffinerie: Das ausgelaufene Öl hat sich zu einer breiigen Melasse verdickt und einen Asphaltsee gebildet, um den sich ein roter Lateritpfad schlängelt. Von oben gesehen wirkt Monrovia wie eine Geisterstadt. Jedes zweite Haus liegt in Trümmern, als hätte ein tropischer Orkan Fenster und Türen davongetragen und die Dächer abgedeckt. In den Zimmern wachsen Bäume – der Urwald holt sich zurück, was ihm gehört. Stockfleckige Wellblechbaracken, dann blaues Meer, auf dem Fischerboote dümpeln. Die DC 9 der *Air Ivoire* fliegt im Bogen über die Stadt, bevor sie zur Landung ansetzt.

„Verstecken Sie Ihr Geld am Körper", sagt der neben mir sitzende Passagier, ein kanadischer UNICEF-Mitarbeiter im Safari-Look, „am besten in den Socken, außer ein paar Dollar Bestechungsgeld. Und halten Sie sich nicht länger als nötig am Flughafen auf. Aber keine Angst: im Augenblick ist alles ruhig; Monrovia ist fest in der Hand der ECOMOG."

„Was heißt das?"

„*Economic Community of West African States Cease Fire Monitoring Group*: Friedenstruppen aus Nigeria, Ghana, Guinea und anderen Ländern Westafrikas, die im August 1990 in Monrovia landeten, um die Zivilbevölkerung vor Übergriffen der Rebellen zu schützen. Aber sie kamen zu spät, um ein Massaker zu verhindern. Vielleicht wäre weniger Blut geflossen, wenn Charles Taylor, Liberias neuer starker Mann, im ersten Anlauf die Macht erobert hätte."

Die Maschine setzt unsanft am Boden auf und rollt auf das Abfertigungsgebäude zu, eine winzige Baracke, vor der dichtes Gedränge herrscht. Schon nach wenigen Sekunden bin ich in Schweiß gebadet. Von allen Seiten reden heftig gestikulierende Menschen auf mich ein, zupfen mich am Ärmel und zerren an meinem Gepäck. Das Durcheinander ist größer als bei der Landung in Lagos oder Kinshasa, und ich frage mich, wie ich mich in dem Chaos zurechtfinden soll, als jemand meinen Namen ruft. Zwei höfliche Herren nehmen mir Paß und Gepäck aus der Hand und dirigieren mich durch die Zollkontrolle. Nur das Bestechungsgeld macht Schwierigkeiten: Soll ich es diskret oder offen übergeben, und sind fünf Dollar zu wenig oder zuviel? Das Problem löst sich von selbst, weil der liberianische Staat nur noch auf dem Papier existiert: Die Beamten haben seit Monaten kein Gehalt mehr bekommen; sie nehmen, was sie kriegen, Geld oder Naturalien, und zieren sich nicht übermäßig dabei. Nachdem ich der Gesundheits-, Paß- und Zollbehörde einen Obolus entrichtet habe in kleinen Scheinen, die zerknüllt in Büstenhaltern oder Brusttaschen landen, mache ich mich mit meinen Abholern bekannt: Sie heißen Paul und Wallace und sind Mitarbeiter einer privaten Hilfsorganisation, die Kriegsopfer mit Kleidung und Medikamenten versorgt. Auf dem Weg zum Taxi spricht Mollie uns an, ein Angestellter der Telekom, der seit Stunden auf mich gewartet hat.

Wie Paul und Wallace wurde auch er von liberianischen Freunden aus Deutschland per Telefon über mein Kommen informiert. Es ist drei Uhr nachmittags, und zusammen mit meinen Begleitern mache ich eine erste Rundfahrt durch Monrovia. Die in der Hitze flimmernde Stadt – es ist Trockenzeit, und die mit Staub gesättigte Luft ist schwer atembar – scheint nur aus Grünflächen zu bestehen, wie ein endloser Vorort im mittleren Westen der USA. Aber im Gegensatz zum kurz geschorenen Rasen dort wächst hier hüfthohes Elefantengras, das den Kämpfern der Rebellenarmee eine ideale Deckung bot. Der aus der Vogelschau gewonnene Eindruck bestätigt sich: Die meisten Häuser, an denen wir vorbeifahren, sind mit Einschußkratern gesprenkelt wie die Gesichter von Pockennarbigen. Die üppige Vegetation deckt gnädig die Wunden des Krieges zu. Von Brandspuren oder Schimmelschlieren geschwärzte Mauern ragen aus wucherndem Unkraut hervor; durch leere Fensterhöhlen fliegen Fledermäuse aus und ein, die in dichten Trauben im Geäst der Cottonwood-Bäume hängen.

Bevor das nächtliche Ausgehverbot in Kraft tritt, wollen wir Dr. Nimene besuchen, einen liberianischen Arzt, der in Deutschland studiert hat und mit einer Deutschen verheiratet ist. Seine in der Bundesrepublik lebende Frau hat mir Nachrichten und Medikamente für ihren herzkranken Mann mitgegeben, der am Stadtrand von Monrovia seine *German-Liberian Clinic* betreibt.

Nach langem Suchen – unterwegs passieren wir mehrere von ECOMOG-Soldaten bewachte Straßensperren – halten wir vor Dr. Nimenes Haus am Ende der Duport Road, einer staubigen Piste, die sich unauffindbar im Gras verliert. Das schwere Eisentor ist verschlossen und wird erst nach mehrfachem Hupen auf Zuruf hin geöffnet. „Willkommen in Liberia“, sagt Dr. Nimene, der am Flugplatz vergeblich auf mich gewartet hat. „Ich habe mir Sorgen gemacht, weil Sie so spät kommen. Dieser Teil von Monrovia ist nicht mehr sicher, seit die Rebellen in der Nähe von hier, auf der Duport Road, ein Massaker verübt haben.“ – „Wann war das?“ – „Kurz vor Weihnachten. Sie haben ihre Opfer im Schlaf überrascht. Kinder und alte Menschen, die sich nicht wehren konnten, wurden in ihren Betten massakriert, Männer mit Äxten enthauptet, Frauen vergewaltigt und dann mit Macheten zerstückelt. Die Mörder standen unter Drogen oder unter Alkohol.“ – „Und wer steckt hinter dem Massaker?" – „Das wissen wir nicht. Entweder die AFL (*Armed Forces of Liberia*) oder Charles Taylors NPFL (*National Patriotic Front of Liberia*). Die Mörder sollen Krahn gesprochen haben, was auf die Armee hindeutet. Sie töten, um ihre Präsenz zu demonstrieren oder um die Morde ihren politischen Gegnern in die Schuhe zu schieben. Niemand kennt die Auftraggeber. Nicht einmal die genaue Zahl der Opfer ist bekannt. Die Regierung spricht von 48 Toten, darunter 28 Kinder, aber in Wahrheit dürften es erheblich mehr gewesen sein. Viele erlagen erst später ihren Verletzungen."

Nachdem ich Dr. Nimene die mitgebrachten Medikamente und Nachrichten von seiner Frau übergeben habe, nehmen wir draußen auf der Terrasse Platz. Ringsum raschelndes Elefantengras, durch das in der Nacht des 15. Dezember die Rebellen herangeschlichen sind – die Natur bot den Mördern Schutz, nicht den Ermordeten. Die in der Nachmittagssonne brütende Savanne sendet Hitzewellen aus. Wir trinken lauwarmes Bier – fließendes Wasser und Strom gibt es in Monrovia seit Jahren nicht mehr. Dr. Nimene sieht alt und müde aus. Sein Haus und die dazugehörige Klinik wurden zweimal von Rebellen geplündert, und er hat eine Herzoperation hinter sich. Das Massaker vom 15. Dezember war nur der vorläufig letzte Akt einer Tragödie, die viereinhalb Jahre zuvor begonnen hat, als Truppen der NPFL beim Vormarsch auf Monrovia Dr. Nimenes Haus besetzten und hier ihr Hauptquartier aufschlugen. Die *freedom fighters* oder *freedom killers*, wie man sie ironisch nennt, nahmen Dr. Nimene als Geisel und zwangen ihn, verwundeten Kämpfern Kugeln zu extrahieren und Verbände anzulegen, wobei seine Frau ihm als Krankenschwester assistieren mußte; nur der Tatsache, daß sie für die Rebellen unentbehrlich waren, verdanken beide ihr Leben.

„Unser Haus glich damals einem Feldlazarett", sagt Dr. Nimene. „Im Hof und auf der Terrasse lagen die Verwundeten, und im Wohnzimmer wurde rund um die Uhr operiert, ohne Narkose natürlich. Es fehlte an allem: Verbandszeug, Desinfektionsmittel, Medikamente – aber trotzdem haben wir fast alle Patienten durchgebracht. Die meisten von ihnen waren noch Kinder, halbwüchsige Jungen und Mädchen, die in Wüstencamps in Libyen oder Burkina Faso zu Partisanen ausgebildet worden waren: Außer zu töten hatten sie nichts gelernt. Als ich darum bat, meine Frau nach Deutschland ausreisen zu lassen, lehnte die NPFL dies ab mit der Begründung, ohne meine Frau als Faustpfand wäre ich längst aus ihren Reihen desertiert. Und trotz meiner inständigen Bitten weigerte sich Charles Taylor, meinen todkranken Bruder ausfliegen zu lassen, damit er im Ausland operiert werden konnte; mein Bruder starb kurz danach." – „Und wie sind Sie freigekommen?" – „Durch eine List. Mitte August lud die Botschaft der Bundesrepublik das diplomatische Corps und alle in Liberia lebenden Deutschen zu einem Empfang aus Anlaß der Wiedervereinigung. Charles Taylor hatte vom Fall der Mauer gehört und erlaubte uns die Teilnahme. Die Diplomaten wurden auf vor der Küste ankernde Schiffe der US-Navy gebracht, und uns hat die Botschaft mit einem Fahrzeugkonvoi ins Nachbarland Elfenbeinküste evakuiert."

Es ist fünf Uhr, und meine Begleiter drängen zum Aufbruch. In zwei Stunden tritt das Ausgehverbot in Kraft, und sie müssen zu ihren Familien zurück. Wir passieren einen mit ECOMOG-Soldaten aus Ghana bemannten Kontrollpunkt und fahren am Flughafen vorbei in Richtung Stadt. Links und rechts der Straße liegen die Ruinen ehemaliger Botschaftsgebäude, die geplündert und gebrandschatzt worden sind. Am schlimmsten traf es die Vertretungen afrikanischer Staaten, die Friedenstruppen nach Liberia entsandt hatten, aber auch die russische Residenz wurde dem Erdboden gleichgemacht. Nur die Botschaft Nigerias hat, von ECOMOG-Truppen geschützt, keinen Schaden genommen – und die der Bundesrepublik, deren von Bougainvilleen umranktes Gebäude hinter einer mit Glasscherben gespickten Mauer hervorlugt. Die deutsche Vertretung ist seit Jahren geschlossen; nur Nigeria, die Volksrepublik China und die USA unterhalten noch Botschaften in Monrovia.

Je näher wir der Innenstadt kommen, desto dichter wird die Bebauung. Von Slumhütten umbrandet, steigen Hochhäuser vor uns auf, häßliche Betonklötze, die aussehen wie in Westafrika gestrandete Raumschiffe – eine Hinterlassenschaft der sechziger Jahre, als Präsident Tubman Weltniveau demonstrieren wollte mit Justizpalast und Außenministerium, Entbindungsklinik und Universität. Eigentlich müßte ich jedes Mal das Adjektiv ehemalig hinzusetzen, denn wo früher Schreibmaschinen klapperten oder Operationsbesteck blitzte, wo Krankenschwestern oder Sekretärinnen durch dämmrige Korridore huschten und wo Chefärzte oder Minister residierten, haben sich heute *displaced persons*, Kriegsopfer und Vertriebene, häuslich niedergelassen. An den Fenstern des Außenministeriums trocknet Wäsche, Kinder lärmen in den Büros, der Fahrstuhlschacht dient als Müllschlucker, und im Treppenhaus schlafen Obdachlose.

Monrovia ist nicht nur ein Menschen-, sondern auch ein Autofriedhof: Die Betonhochburgen der früheren Regierung werden von schrottreifen Panzern flankiert, deren löchrige Geschützrohre keinem mehr Angst einjagen, und rostige Autoskelette ragen aus Meeren von Unkraut hervor. Aber der idyllische Anschein täuscht; zwar verhandeln die Warlords seit Mitte Januar in Accra über Frieden, aber das passiert nicht zum ersten Mal, und bisher hat keine der Kriegsparteien die getroffenen Abmachungen respektiert. Für den Fall, daß die Gespräche scheitern, hat Charles Taylor ein neues Blutbad angekündigt; nicht einmal die für die Dauer der Verhandlungen vereinbarte Waffenruhe wird von der NPFL eingehalten.

„Charles Taylor ist ein cleverer Typ", meint Mollie, der Mann von der Telecom, während er seinen Wagen durch die überfüllte Innenstadt steuert. „Nach Angaben des Roten Kreuzes hat er für drei Millionen Dollar Hilfslieferungen gestohlen, mitsamt den dazugehörigen LKWs."

Mollie hält vor einer roten Ampel und winkt einem Geldwechsler, der mit dicken Dollarbündeln herumwedelt. Ich steige aus, um fünfzig Dollar zu wechseln, aber das ist leichter gesagt als getan. Der Kurs des liberianischen Dollar, früher eins zu eins, ist auf fünfzig zu eins gefallen, und der Geldwechsler gibt mir 2500 liberianische Dollar, zu Hunderten gebündelt, in kleinen Scheinen, für deren Abtransport ich eine Plastiktüte benötige, wie ein Bankräuber, der fette Beute gemacht hat. Es gibt nur Fünf-Dollar-Scheine in Liberia, und deren Besitzer riskieren ihr Leben, weil die Rebellen die von der Staatsbank gedruckten neuen Scheine nicht anerkennen. Unwissenheit schützt vor Strafe nicht: Hat jemand das falsche Billett im Portemonnaie, wird ein blutiges Exempel statuiert.

„Charles Taylor begann seinen Guerrillakrieg", fuhr Mollie fort, „im Norden Liberias, der am meisten unter Does Diktatur gelitten hatte. Samuel Doe hatte alle Schlüsselstellungen in Regierung und Armee mit Leuten seines Stammes, den im Süden lebenden Krahn, besetzt. Der ethnische Konflikt war Wasser auf Taylors Mühlen, und er wurde anfangs als Befreier begrüßt. Monrovia stand kurz vor dem Fall, als ECOMOG-Truppen landeten und Prince Johnson sich von Charles Taylor abspaltete. Seitdem hat sein Beispiel Schule gemacht, und die Kriegsparteien wucherten wie ein Krebsgeschwür: Die NPFL brachte die INPFL hervor, deren Gründer, Prince Johnson, sich später nach Nigeria absetzte; die ULIMO (*United Liberation Movement*) spaltete sich in ULIMO-J und ULIMO-K, so benannt nach den Anfangsbuchstaben ihrer Führer; und die durch das Doe-Regime diskreditierte Armee (AFL) mutierte zum *Liberian Peace Council* (LPC), dessen Vorsitzender George Boley *Political Science* in New York studiert hat. Die Politiker haben sich in Warlords verwandelt, die Parteien in bewaffnete Banden, deren

Mitglieder ungestraft rauben und morden. Es ist ein Krieg aller gegen alle, in dem es keinen Sieger, sondern nur Besiegte gibt." – „Ein molekularer Krieg", sagte ich: „Wie im ehemaligen Jugoslawien." Ich wollte zu einer längeren Erklärung ansetzen, aber der Wagen hielt vor dem Hotel.

Das Wort Hotel ist eigentlich fehl am Platz – Bordell wäre angemessener. Auf mit rotem Plüsch bezogenen Barhockern räkelten sich Prostituierte, im Hinterzimmer wurde Billard gespielt, der Weg zur Toilette wurde von einarmigen Banditen bewacht, und über den Fernsehschirm flimmerten rund um die Uhr die Nachrichten von CNN. Das *African Palace* unterschied sich in nichts vom gegenüberliegenden Hotel *El Meson,* in dem UNOMIL-Soldaten und Mitarbeiter internationaler Organisationen sich mit ihren afrikanischen Gespielinnen die Zeit vertrieben. Beide Hotels gehören libanesischen Familienclans, aber das *African Palace* hatte den Vorteil, daß die im Krieg zerstörten Zimmer im oberen Stock frisch renoviert worden waren. Dusche und Klimaanlage funktionierten, solange der wie ein LKW-Motor dröhnende Generator lief; nach kurzer Zeit hatte ich mich so an das Geräusch gewöhnt, daß ich erschrocken auffuhr, wenn Stille herrschte; dann waren Stimmen zu hören, Taschenlampen und Kerzen flackerten auf, der Nachtportier James, Zeuge Jehovas und Mädchen für alles im Hotel, schlug mit dem Hammer gegen den Generator, und nach kurzer Zeit setzte der erlösende Lärm wieder ein.

Ich teilte mein Zimmer mit einer Eidechse, die das Bad bewohnte, und einer Kakerlake, die vor der aus der Klimaanlage strömenden Kaltluft in den Kleiderschrank entwich, wo sie Wärme und Schutz suchte; jedes Mal, wenn der Strom ausfiel, kroch sie mit bebenden Fühlern unter dem Schrank hervor, bis ich mit einem Fußtritt ihre parasitäre Existenz beendete.

Meine erste Nacht in Monrovia verbrachte ich in Gesellschaft eines Aeroflot-Piloten aus Guinea, der an der Moskauer Lumumba-Universität studiert hatte und fließend Russisch sprach; später gesellte sich ein Autohändler aus Ghana dazu, der gebrauchte Mercedes-Limousinen nach Afrika importierte und in Monrovia Schulden einzutreiben versuchte – ohne Erfolg. Dritter im Bunde war der Chef der libanesischen Großfamilie, von allen *Papi* genannt: ein Sechzigjähriger, der auf das Ende des Krieges wartete, um im Busch Diamanten zu schürfen, und der jeden Abend eine andere Prostituierte mit auf sein Zimmer nahm – manchmal auch zwei. Meine Frage nach AIDS beantwortete er mit einem arabischen Fluch, der unübersetzbar ist.

Wir saßen auf dem Balkon und blickten auf die nachtdunkle Carey Street hinab, die sich mit Eintreten des Ausgehverbots schlagartig geleert hatte. Ab und zu fuhr ein mit ECOMOG-Truppen bemannter Jeep vorbei oder ein Landrover der UNOMIL, der eine der im *El Meson* arbeitenden Prostituierten vor dem Hotel aufnahm oder ablud. Sie schienen Spezialausweise zu besitzen, denn jede andere Person, die nach sieben auf der Straße angetroffen wurde, wäre auf der Stelle verhaftet und dazu verurteilt worden, die Latrinen der ECOMOG-Kaserne zu putzen; wenn Liberianer abends ausgehen wollen, sind sie gezwungen, die Nacht in einer Bar oder Discothek zu verbringen. Ich sah die Spätnachrichten von CNN, in denen der Krieg in Liberia mit keinem Wort erwähnt wurde, und fragte mich, wie ich es noch länger aushalten sollte in einer Stadt, in der das öffentliche Leben abends um sieben zum Erliegen kommt.

Morgens beim Frühstück setzte sich der Kellner an meinen Tisch. Er warf begehrliche Blicke auf meinen Teller und machte sich, noch bevor ich fertig gegessen hatte, über die Reste her. Die meisten Einwohner Monrovias sind unterernährt; zwar herrscht keine Hungersnot wie im Hinterland, aber der von Hilfsorganisationen gespendete Reis versickert in dunklen Kanälen und wird zu überhöhten Preisen auf dem Markt verkauft.

Unter Mollies Führung machte ich einen Rundgang durch die Stadt. „Monrovia ist die Mülldeponie Westafrikas“, hatte ich bei der Ankunft in mein Tagebuch notiert, aber die Verkommenheit, die mir auf Schritt und Tritt entgegenschlug, übertraf meine schlimmsten Befürchtungen auf der nach unten offenen Richterskala von Fäulnis und Verwahrlosung. Das frühere Hauptquartier der *True Whig Party*, ein mit Marmor gekachelter Prunkbau schräg gegenüber dem Gebäude der Telecom, war nach Does Militärputsch geplündert worden; auf diese Weise rächte sich das Volk für die länger als ein Jahrhundert dauernde Vorherrschaft der afro-amerikanischen Einwanderer, die nichts für das Land getan und in die eigene Tasche gewirtschaftet hatten. Instrument ihrer Herrschaft war die 1869 gegründete *True Whig Party*, deren Name nichts mit Perücken zu tun hat, wie ich zunächst vermutete, sondern WE HOPE IN GOD bedeutet. Der Sitz der Einheitspartei, in der jeder Staatsbeamte automatisch Mitglied war, dient heute Anwohnern als Toilette – die Marmorkacheln sind mit Exkrementen übersät. Nicht anders erging es dem am oberen Ende der Broad Street gelegenen *Masonic Temple*, in dem die Oberschicht ihre Freimaurerrituale zelebrierte – auch hier blieb kein Stein auf dem anderen. Die Bronzestatue des Erbauers, Präsident Tubman, wurde abgesägt; nur zwei in Bronzeschuhen steckende Füße sind auf dem Denkmalsockel zurückgeblieben. Hundert Meter weiter, auf dem Gipfel eines die Bucht von Monrovia beherrschenden Hügels, liegt das *Ducor Palace*, einst das erste Haus der Stadt, heute eine von Fäkalgerüchen durchzogene Ruine, in der Mitglieder der provisorischen Regierung und ECOMOG-Truppen wohnen. Das frühere Luxushotel sieht aus, als hätten Skinheads es besetzt; die Fensterscheiben sind herausgeschlagen, die Deckenverkleidung hängt herunter, Wasserbäche rinnen die Wände entlang, und hinter einem Schild mit der Aufschrift BRIDGE CLUB MEETING IN SESSION – QUIET PLEASE gähnt ein leerer Fahrstuhlschacht, durch den seit Jahren kein Lift mehr fährt.

Mit Taschentüchern vor der Nase gegen den allgegenwärtigen Gestank tasten wir uns durchs stockfinstere Treppenhaus zur Dachterrasse empor, wo ein Militärposten ein leeres Schwimmbecken bewacht, das als Zwischenlager für Mülltüten und Kondome dient. Zu unseren Füßen liegt die Lagune mit bunten Fischerbooten und dem von Wellblech- und Strohhütten gesäumten Strand, auf dem Fische trocknen. Hinter unserem Rücken das Villenviertel *Mamba Point* mit dem gleichnamigen Hotel, dem von Marinesoldaten bewachten Gelände der US-Botschaft und dem Hauptquartier der UNOMIL, deren Sprecher, ein chilenischer UNO-Diplomat, jede Auskunft verweigert und mich ans Büro der Ärzte ohne Grenzen verweist.

Statt dessen beschließen wir, dem Vorsitzenden des Staatsrats einen Besuch abzustatten, dessen Name auf deutsch *Suppentopf* bedeutet. Mollies ethnische Herkunft – er gehört zum Stamm der Gofa genau wie Dr. Kpomakpor – verschafft mir Zutritt zum nominellen Staatsoberhaupt der nicht mehr existierenden Republik Liberia. Vorher sind die üblichen Hürden zu überwinden: Ein meterhohes Gittertor, das nur zögernd geöffnet wird, eine Phalanx von Leibwächtern, die neben einem Landrover mit der Aufschrift NO ARMS ON BOARD mit geladenen Waffen herumspielen, und ein Vorraum, in dem Essen gekocht und Wäsche gewaschen wird. Der mit Clubsesseln möblierte Empfangsraum wirkt wie eine Mischung aus Beerdigungsinstitut und Puff; im Mittelpunkt, auf einer Art Altar, ein Flachbildschirm, dessen Monitor verwirrende Lichtreflexe aussendet; an der Wand das überlebensgroße Porträt des Hausherrn, der mich anderthalb Stunden lang warten läßt. Ab und zu lugt aus dem Nebenzimmer ein Kind herein, das auf dem Teppichboden Purzelbäume schlägt, bevor es sich wieder verzieht. Dann ist es endlich so weit: Die Tür geht auf, und der Staatsratsvorsitzende tritt ein, gefolgt von einem Mann im Jogginganzug, der sich auf einem entfernten Sessel niederläßt: Kein Leibwächter, sondern der Gouverneur der Staatsbank, dem ich den Grund meines Kommens erläutere, während Dr. Kpomakpor so tut, als verstehe er kein Wort. Das Zeremoniell erinnert mich an eine Audienz beim König von Dahomey, der nur durch den für weiße Besucher zuständigen Minister, den Yovogan, mit mir sprach. Zwar trägt Dr. Kpomakpor ein traditionelles Häuptlingskostüm, aber er ist Juraprofessor an der hiesigen Universität. Während des Bürgerkriegs wurde er von Charles Taylors Leuten festgenommen und war zwei Monate lang inhaftiert. Mehr erfahre ich nicht. Meine Frage, ob er in der Haft mißhandelt wurde, will er beim nächsten Gesprächstermin beantworten, den der Gouverneur der Staatsbank in das in Leder gebundene Gästebuch einträgt.

Am nächsten Tag führen mich Paul und Wallace, die Mitarbeiter der Hilfsorganisation, zu einem Lager für Kriegsflüchtlinge in Congo-Town, nicht weit vom Flughafen und dem angrenzenden Diplomatenviertel. Ich bin schon mehrfach an dem nie zu Ende gebauten Hochhaus vorbeigefahren, einem Geschenk der Volksrepublik China, das ursprünglich als Gesundheitsministerium dienen sollte und heute 3.500 Vertriebenen Obdach gibt.

„In Wirklichkeit sind es 4.000, denn nicht alle Flüchtlinge sind bei uns registriert", sagt der Sicherheitschef Moussa, während er uns, treppauf, treppab, durch das sechsstöckige Gebäude führt. Die Großraumbüros sind durch Säcke in winzige Verschläge unterteilt, in denen vielköpfige Familien auf engstem Raum zusammenleben, kochen, essen und schlafen. Es wimmelt von Ratten, Kakerlaken und Moskitos, die nachts von den nahegelegenen Sümpfen ausschwärmen; Malaria, Durchfall- und Atemwegserkrankungen haben epidemisches Ausmaß angenommen. Kein Arzt, nur eine Krankenschwester versorgt die Patienten in einem als Untersuchungszimmer dienenden Zelt; sie beschwert sich, daß die Tuberkulose- und Cholerakranken erst zu ihr kämen, wenn es zu spät sei – Husten und Durchfall gelten unter den Flüchtlingen als normal.

Die Vertriebenen kommen aus allen Teilen des Landes; einige sind seit Jahren, andere erst seit wenigen Wochen hier. Ich spreche mit einer jungen Mutter aus Sierra Leone, die gerade ihr Baby stillt. Sie heißt Finda, gehört zum Stamm der Kissi und hat auf der Flucht ihre ganze Familie verloren. Unterwegs wurde sie mehrfach von Rebellen angegriffen und ausgeraubt. Die Flüchtlinge mußten sich wochenlang von Palmnüssen ernähren – in den Dörfern waren sie nicht willkommen, da deren Bewohner selbst nichts zu essen hatten. Findas Mutter, ihr Bruder, ihr Onkel und dessen Kinder starben auf dem Marsch durch den Busch. Mahmadou, ein Mullah mit Moslemkäppi und weißem Bart, ist mit den Schülern seiner Koranschule ebenfalls aus Sierra Leone geflohen; nur acht Koranschüler haben den einmonatigen Fußmarsch überlebt.

Die Flüchtlinge sind dankbar für jede Geste, für die geringste Aufmerksamkeit, die man ihnen entgegenbringt. Sie sind gewohnt, daß niemand von ihren Leiden hören will, denn viele Liberianer haben Ähnliches oder Schlimmeres durchgemacht. Es fehlt an allem: Kleidern, Medikamenten, Reis – die offizielle Zuteilung von acht Tassen Reis pro Woche ist für eine afrikanische Großfamilie nicht genug.

Auf der Fahrt zum Hotel halten wir an einem Bücherstand auf der Broad Street. Zerfledderte Lehrbücher werden hier zum Verkauf angeboten, die bei der Plünderung von Schulen und Universitäten gestohlen worden sind. Auf den Innenseiten stehen in krakeliger Kinderschrift die Namen oder Initialen der früheren Besitzer, von denen die meisten nicht mehr am Leben sind: Entweder sie wurden von der Regierungsarmee massakriert, die im Juli 1990 Hunderte Frauen und Kinder ermordete, die in der lutheranischen Kirche Zuflucht gesucht hatten; oder sie fielen der *Operation Octopus* zum Opfer, mit der Charles Taylor im Oktober 1992 Monrovia zurückzuerobern versuchte.

Ich kaufe ein Buch des LPC-Gründers und promovierten Politologen George Boley, das der Autor ironisch „dem liberianischen Volk" gewidmet hat, will sagen „all jenen, die sich prinzipienlos und ohne Rückgrat mit den Inhabern der Macht arrangierten, anstatt positive Veränderungen anzustreben".– Hätte Boley seine Ideale ernstgenommen, sähe Liberia heute anders aus!

Auf einer wie ein Schweizer Käse von Kugeln durchstanzten Mauer am Ufer des Stockton Creek steht ein anderer Slogan, der an diesem Ort besonders absurd erscheint: GUNS THAT LIBERATE MUST NOT RULE – Gewehre, die befreien, dürfen nicht herrschen. „Prince Johnson bla-bla", meint Mollie achselzuckend. An der strategisch wichtigen Brücke über den Fluß, die Monrovia mit dem Hinterland verbindet, hatte Prince Johnson eine Straßensperre installiert: Wer ohne seine Genehmigung die Brücke überquerte, hatte sein Leben verwirkt – daher die Einschußlöcher.

Caldwell, ein am jenseitigen Ufer gelegener Vorort von Monrovia, in dem Mollie zu Hause ist, lag damals mitten in Prince-Johnson-Land. Das Leben hier war gefährlich. Mollie erzählt, wie sein Nachbar Roosevelt Logan von Prince Johnson exekutiert wurde, als er ohne dessen Erlaubnis nach Monrovia zur Arbeit ging. Am nächsten Tag fragte Prince Johnson seinen Leibwächter, wo sein Freund Roosevelt geblieben sei – die beiden kannten einander seit ihrer Jugendzeit. „Aber Sie haben ihn doch selbst erschossen, Chef!" – „Unsinn, so was würde ich nie tun. Du lügst!" Und er drohte dem Überbringer der schlechten Nachricht, ihn ebenfalls liquidieren zu lassen.

Prince Johnsons ehemaliges Hauptquartier liegt in einem Compound am Steilufer des St. Paul River, unter Palmen, in deren Wipfeln Webervögel ihre Nester bauen, im Wind schaukelnd wie die hängenden Gärten der Semiramis. Ringsum die im Krieg verwüsteten Häuser eines ehemaligen Villenviertels, in dessen Ruinen Hühner, Schweine und Kinder mit aufgetriebenen Bäuchen herumstöbern.

Am Flußufer steht ein riesiger Cottonwood-Baum, dessen Brettwurzeln von Bleikugeln zerpflügt sind. Hier ließ Prince

Johnson Geiseln erschießen und in den Fluß werfen, in dem es Krokodile geben soll. „Ich habe die Viecher nie gemocht", sagt Mollie, „aber sie sind doch zu was gut: Die Krokodile hielten uns die Rebellen vom Hals, die im Schutz der Dunkelheit den Fluß durchschwammen, um in unsere Häuser einzubrechen."

Mollie hat in Caldwell eine Art Bürgerwehr organisiert, die jede Nacht mit Taschenlampen, Knüppeln und Macheten auf Patrouille geht und nach Rebellen fahndet, die angesichts der Übermacht sofort die Waffen strecken. Die Selbsthilfegruppen sind Ausnahmen in Liberia, wo die zivile Gesellschaft nur schwach entwickelt ist; zwar rufen Geistliche aller Konfessionen, Frauen- und Friedensgruppen immer wieder zur Einstellung der Kämpfe auf, aber moralische Appelle sind machtlos gegen Minderjährige mit Kalaschnikows.

Nach dem Abzug von Prince Johnsons Armee kehrte Mollie nach Caldwell zurück. Er hatte Glück: Sein Haus war nur einmal geplündert worden. Die Rebellen hatten im Wohnzimmer auf offenen Feuern gekocht und Möbel und Türen als Brennholz verheizt, aber das Wellblechdach nicht abgedeckt. An der Wand des Schlafzimmers haben sich die Kaputtbesetzer mit Graffiti verewigt, die Mollie als makabres Souvenir stehenließ: BIG BOY THOMPSON INPLF SPECIAL FORCES COMMAND AND HIS GIRLFRIEND EVELYN. Damit war die Übernahme des Hauses vollzogen, und der frühere Eigentümer hatte nicht nur seinen Besitzanspruch, sondern auch sein Leben verwirkt, falls er noch einmal hier aufkreuzte.

Beim Unkrautjäten im Garten förderte Mollie Soldatenstiefel, Uniformfetzen, Oberschenkelknochen und einen Totenschädel zutage, den er im Geräteschuppen aufbewahrt. Ich rate ihm, alles christlich zu begraben – nicht aus Pietät oder Mitleid mit Big Boy Thompson, sondern einfach so.

Ortswechsel. Liberias zweitgrößte Stadt Buchanan liegt nur hundert Kilometer von Monrovia entfernt, aber die Fahrt dorthin dauert vier bis fünf Stunden. Seit Charles Taylors NPFL aus Buchanan vertrieben worden ist, wird die Küstenstraße von ECOMOG-Truppen kontrolliert, die jedes Fahrzeug peinlich genau durchsuchen, um Waffenschmuggel und Infiltrationsversuche zu unterbinden.

Der Informationsminister in Monrovia hat mir ein *laisser passer* ausgestellt, aber er rät mir ab, die Hauptstraße zu verlassen, weil Fahrten ins Hinterland noch immer zu gefährlich seien: Im Busch versteckte Rebellen griffen ECOMOG-Konvois und Privatautos an. Ich setze mich über seinen Rat hinweg und breche zusammen mit Nyenati Allison, dem örtlichen Korrespondenten der BBC, frühmorgens nach Buchanan auf. Allison war schon öfter dort und kennt jeden Militärposten entlang der Strecke: Ganz Liberia, ECOMOG-Soldaten, Regierung und Rebellen inbegriffen, hört jeden Nachmittag um fünf die *World News Africa* der BBC, in denen er das politische Tagesgeschehen kommentiert. Vor der Abfahrt kaufen wir Zigaretten: Die mit dem goldenen Filter sind für Offiziere, die übrigen für die Mannschaften bestimmt. Allison schärft mir ein, nichts zu fotografieren und keine Fragen zu stellen; dann geht es los.

Links und rechts der Straße die üblichen zerschossenen Autowracks; darüber wölbt sich der große afrikanische Himmel, über den wie eine Elefantenherde Wolken ziehen.

Wir fahren am internationalen Flughafen vorbei, der seit Jahren geschlossen ist; im Zweiten Weltkrieg wurden hier amerikanische Bomber aufgetankt. Dann tauchen wir in Kautschukwälder ein. Das Werksgelände der Firma Firestone gehört heute einem japanischen Konzern und wird von Regierungssoldaten bewacht. Die Fabrikanlagen sind intakt, aber die Wälder wurden kahl geschlagen und zu Holzkohle verarbeitet, die hierzulande zum Kochen dient; ein Sack Holzkohle kostet weniger als eine Flasche Bier – die ökologischen Folgen interessieren niemanden.

Am Straßenrand sind mit Uniformjacken, Stahlhelmen und Totenschädeln ausstaffierte Vogelscheuchen aufgestellt; die monströsen Gebilde weisen auf Militärposten hin – wer das Halteverbot übersieht, setzt sein Leben aufs Spiel. Ich zähle 43 Checkpoints insgesamt, und es ist immer die gleiche, ermüdende Prozedur: Anhalten, aussteigen, Papiere vorlegen, Personen- und Gepäckkontrolle, Fragen nach Woher und Wohin. Das Verhör endet mit der Zahlung des Wegzolls, der mit Zigaretten beglichen wird; nur Soldaten der liberianischen Armee, die schon am Morgen betrunken sind, verlangen Geld oder Alkohol. „Sie haben den Krieg verloren", meint Nyenati Allison: „Dafür halten sie sich schadlos an der Zivilbevölkerung."

Kurz vor Buchanan überqueren wir auf einer Pontonbrücke einen Dschungelfluß; die alte Brücke über den St. John-River wurde von Charles Taylors Leuten auf dem Rückzug gesprengt. „Why did you look at that bridge? You're a spy!" Ein ECOMOG-Posten mit Haussa-Stammesnarben im Gesicht hält mir die Mündung seiner M-16 unter die Nase. „Soll ich die Brücke mit geschlossenen Augen überqueren?" – „Don't talk to me like that. Next time I'll break your legs! « Allison meint, die Drohung sei ernst gemeint. Er bietet dem Soldaten Zigaretten an. „Okay, Mr. White, you may go."

Vor dem Krieg lebten 40.000 Menschen in Buchanan. Inzwischen ist die Einwohnerzahl auf 120.000 angeschwollen, und jede Woche kommen Tausende dazu, aus dem Hinterland Vertriebene, wo die NPFL eine neue Offensive gegen die LPC gestartet hat, und Küstenfischer vom Stamm der Fanti und Kru, die auf kleinen Booten vor den Rebellen fliehen. Der Superintendent der Region hat an die Regierung in Monrovia appelliert, Lastwagen mit Lebensmitteln zu schicken, weil Buchanan den Flüchtlingsstrom nicht mehr verkraften kann. Überall stehen Bedürftige vor den Büros der Hilfsorganisationen Schlange. Einige von ihnen sind seit Juli, andere seit Oktober, wieder andere seit Jahren kreuz und quer durch Liberia unterwegs, ständig auf der Flucht vor dem Krieg, der ihnen auf dem Fuße folgt. Frauen und Kinder werden verprügelt oder vergewaltigt, Alte totgeschlagen, Männer zur Zwangsarbeit oder zum Kriegsdienst gepreßt; ein Junge zeigt uns die blutigen Striemen der Fesseln an seinen Oberarmen, eine Frau weint, weil ihre Tochter auf der Flucht eine Fehlgeburt erlitt und ihr Baby verlor; eine junge Mutter erzählt, sie habe sich und die Kinder von den Wurzeln einer Wildpflanze ernährt, die Magenkrämpfe, Durchfall und Erbrechen verursachte; Kranke und Schwache seien am Wegrand zurückgeblieben; nur die Stärksten hätten überlebt. Noch dazu sei der Empfang in Buchanan alles andere als freundlich gewesen: Die Vertriebenen würden als Betrüger beschimpft, die mit falschen Angaben überhöhte Reisrationen ergaunern wollten; die zuletzt Gekommenen nähmen den früher Geflüchteten den knappen Wohnraum weg.

Im Hof der katholischen Mission werden Kochtöpfe und Decken, Seife und Medikamente verteilt. „Wir machen weiter, bis alle Reserven aufgebraucht sind", sagt Schwester Annela, deren Orden in Liberia zahlreiche Märtyrer zu beklagen hat: Allein bei ihrer Gegenoffensive, genannt *Operation Octopus*, hat die NPFL fünf katholische Schwestern massakriert.

Es ist halb sieben, die Sperrstunde naht, das einzige Motel ist ausgebucht, und wir haben noch immer kein Nachtquartier. Eine Flüchtlingsfamilie bietet uns Obdach in der Ruine eines herrschaftlichen Hauses an. Die Eigentümerin ist tot; nach der dritten Plünderung ihrer Villa bekam sie einen Herzinfarkt. Von der einstigen Pracht ist nur das Bad übriggeblieben, in dem seit Jahren kein Wasser mehr läuft. Nicht nur die Türrahmen, auch die Armlehnen der Sessel wurden herausgebrochen und verheizt. Wir zünden Kerzen an, trinken Whisky und essen Biskuits. Allison schläft auf dem Marmorfußboden, und ich lege mich auf eine von Moskitos umsummte Matratze. Draußen sind Schüsse zu hören. „Sie finden immer einen Grund, dich zu töten", sagt Allison, bevor er die Kerze ausbläst: „Weil du Mandingo sprichst oder Krahn, weil du wie ein Regierungsbeamter aussiehst, oder weil dir nichts vorzuwerfen ist – damit erregst du am meisten Verdacht!"

Nach Monrovia zurückgekehrt, fahren wir zum ECOMOG-Hauptquartier, um Jesse Karnley zu treffen, den angesehensten Journalisten Liberias, der täglich im Radio die Politik der Warlords kritisiert. Sein auf dem ECOMOG-Gelände gelegener Sender wird von Soldaten aus Ghana bewacht, die uns nach kurzer Kontrolle passieren lassen. Jesse Karnley hätte seinen Mut fast mit dem Leben bezahlt; im Juli 1990 stellte er sich freiwillig der NPFL, um der Erschießung durch die Rebellen zu entgehen, in deren Augen er doppelt verdächtig war: Wegen seiner hellen Hautfarbe, die ihn als Angehörigen von Liberias Oberschicht auswies, und weil er Staatssekretär im Informationsministerium gewesen war. Jesse hatte Glück im Unglück; ein NPFL-Offizier, der kein Analphabet war, brachte ihn nach Capemount im Norden Liberias, zusammen mit zwei nigerianischen Journalisten, die auf dem Fußmarsch von Monrovia nach Sierra Leone kurz vor der Grenze den Rebellen in die Arme liefen. Die drei wurden per Schiff von Capemount nach Buchanan überführt, wo sie bei der Ankunft in eine Todeszelle gesperrt wurden. Journalisten galten automatisch als Spione, wobei erschwerend hinzukam, daß Jesse die beiden Nigerianer in Monrovia akkreditiert hatte – der Fall avancierte so zum politischen Komplott. Sie rechneten täglich mit dem Tod – ihre Zellengenossen wurden einer nach dem andern liquidiert. Ein Anwohner brachte ihnen Essen ins Gefängnis; ohne seine Hilfe wären sie verhungert. Die Schwägerin von Charles Taylor, die früher als Sekretärin im Informationsministerium gearbeitet hatte, machte diesen bei seinem Besuch in Buchanan auf Jesses Schicksal aufmerksam. Nach strengem Verhör wurde er aus der Haft entlassen und ins NPFL-Hauptquartier nach Gbarnga gebracht, wo Taylor ihn zu seinem Pressesprecher ernannte und ihm bewaffnete Leibwächter zuteilte. Jesses nigerianische Freunde hatten weniger Glück: Nach der Entlassung aus dem Gefängnis wurden sie von einem Jeep abgeholt und außerhalb von Buchanan im Busch erschossen.

Als Charles Taylor zu Verhandlungen nach Ouagadougou flog, gelang Jesse die Flucht; aber am Stadtrand von Monrovia geriet er in einen Hinterhalt der INPFL und wurde erneut zum Tode verurteilt, diesmal von Prince Johnson. Seine Mitgefangenen wurden zur Erschießung abgeführt, aber als die Reihe an Jesse kam, schenkte Prince Johnson ihm das Leben: Er suchte einen fähigen Journalisten, um seine Heldentaten der Nachwelt zu überliefern, und Jesse hatte glaubhaft gemacht, daß er gegen seinen Willen von Taylor rekrutiert worden war. An diesem Punkt seines Berichts krempelt er die Ärmel hoch und zeigt die vernarbten Wunden, welche die Fesselung mit Hanfstricken hinterließ.

Besuch bei Erzbischof Michael Francis, der gerade seinen Amtssitz verläßt, mich aber trotzdem zum Gespräch empfängt. Er trägt Turnschuhe unter seiner Soutane und wirkt unprätentiös wie ein Befreiungstheologe aus Lateinamerika. Zusammen mit Geistlichen anderer Konfessionen, darunter auch dem Imam, hat er eine Kampagne zur Ent-Traumatisierung minderjähriger Mörder initiiert, die drei Phasen umfaßt: Entwaffnung, Vergebung und Rehabilitation. Täter und Opfer (bzw. deren Angehörige) kommen unter Leitung von Priestern und Dorfältesten zu Gesprächen zusammen, an deren Ende ein Schuldbekenntnis und die Vergebung steht. Anders geht es nicht, weil jede liberianische Familie eine offene Rechnung zu begleichen hat; alle haben Tote und Vermißte, von Folter und Verschleppung traumatisierte Angehörige zu beklagen, jedes Haus, jedes Bett und jeder Tisch hat mehrmals den Besitzer gewechselt. Die durch den Krieg entwurzelten, verrohten und demoralisierten Jugendlichen sollen behutsam in die Gesellschaft integriert werden; damit sie die Waffen niederlegen, müssen sie die Gewißheit haben, nicht aus Vergeltung getötet zu werden.

Erfordere das nicht eine übermenschliche Geduld, die man den durch Gewalt traumatisierten Opfern abverlangt? – Nein, es sei ein Gebot der Nächstenliebe. – Ich will wissen, ob in Monrovia umlaufende Gerüchte stimmen, wonach es im Busch immer wieder zu Fällen von Kannibalismus kommt? – Ja, aber nicht zur Stillung des Hungers, sondern als magisches Ritual, mit dem der Geist des Toten seinem Mörder dienstbar gemacht werden soll. – Ich frage den Erzbischof, ob er keinerlei Rache- oder Haßgefühle kennt. Wie würde er reagieren, wenn den 20jährigen *Rebel King*, einen ehemaligen Missionsschüler, der zahlreiche Greueltaten auf dem Gewissen hat, die gerechte Strafe ereilte? „Ich würde Gott danken", sagt Michael Francis, „und *Rebel King* in mein Gebet einschließen. Aber es täte mir nicht leid um ihn!"

Mein letzter Gang führt zum Friedhof. Das Familiengrab von Ex-Präsident Tolbert wurde eingeebnet, sein Mörder Samuel Doe an unbekanntem Ort verscharrt. Schräg gegenüber liegt das Gefängnis, ein von der Sonne aufgeheizter Betonbunker mit vergitterten Luken, durch die kaum Luft dringt. Aus dem Innern ist rhythmisches Klatschen und Gesang zu hören – wie aus einem Sklavenschiff. Die Häftlinge protestieren, weil das von der Regierung bewilligte Geld für ihren Unterhalt auf dem Weg durch die Instanzen spurlos verschwunden ist. „Sie brauchen eine Genehmigung des Innenministeriums", sagt der Gefängnisdirektor, der mich im sandigen Innenhof, unter einer Akazie sitzend, empfängt. „Liberia ist ein freies Land, aber wenn Sie mir noch mehr Fragen stellen, lasse ich Sie einsperren."

Postskriptum

Licht am Ende des Tunnels?

„Auswegloses Leiden erregt kein Mitleid, sondern Abscheu", heißt es in Lessings Laokoon*-Essay, und das gilt auch für das heutige Afrika, dessen fortschreitende Verelendung nicht zu genauerem Hinsehen, sondern zum Wegschauen verleitet. Das Desinteresse ist verständlich, weil viele Fernsehzuschauer sich überfordert fühlen: Vom schieren Ausmaß des Leidens, das Lösungsversuche als Stückwerk und Hilfsaktionen als Tropfen auf einen heißen Stein erscheinen läßt, und von der neuen Qualität des Horrors: Stichwort Ruanda, wo Hutu und Tutsi, oder Ostkongo, wo Hema und Lendu blind vor Haß aufeinander prallten. – Was aber ist von Liberia zu halten, wo nicht bloß zwei, sondern ein halbes Dutzend ethnischer Gruppen, deren Namen nur Experten kennen, sich 15 Jahre lang in wechselnden Allianzen massakrierten: Ein bestialischer Bürgerkrieg, der 300.000 Tote forderte und die Hälfte der Bevölkerung, über eine Million Menschen, aus ihren Wohnstätten vertrieb, wobei die nach US-Präsident Monroe benannte Hauptstadt mehrfach geplündert worden ist. Als Folge der aus dem Ruder gelaufenen Entwicklung zerfiel der Zentralstaat, dessen Armee zur Stammesmiliz mutierte, während zwangsrekrutierte Kinder von rivalisierenden Warlords als Kanonenfutter verheizt wurden – ganz zu schweigen von Folter und sexuellem Mißbrauch. Der Krieg reproduzierte sich selbst, und es nimmt nicht Wunder, daß die Kämpfe aufs Nachbarland Sierra Leone übergriffen, dessen natürliche Ressourcen – Diamanten und Tropenholz – den Warlords zum Ankauf von Waffen dienten.*

Liberia und Sierra Leone galten lange als Horte der Stabilität im postkolonialen Afrika, denn beide Staaten wurden Mitte des 19. Jahrhunderts von ehemaligen Sklaven gegründet, die von weißen Philanthropen, Briten und Amerikanern, freigekauft und in ihre vermutete Heimat repatriiert wurden – von daher Washingtons besondere Verantwortung gegenüber Liberia. Von Anfang an bildeten die Kreolen oder Americo-Liberianer, wie die Rückkehrer sich nannten, eine christliche Oberschicht, deren Angehörige die Einheimischen unterjochten, um sie als Sklaven zu verkaufen. Erst im Zuge der Entkolonialisierung wurde die korrupte Elite entmachtet, in einem Klassenkampf, der zum Stammeskrieg degeneriert und auf die Nachbarstaaten übergeschwappt ist. Zur Eindämmung des Konflikts setzten die USA 1996 einen Flottenverband in Marsch, dessen Auftrag sich darauf beschränkte, Ausländer aus der Kampfzone zu evakuieren. Fast zeitgleich intervenierten britische Truppen in Sierra Leone und französische in Côte d'Ivoire, was zusammen mit dem EU-Engagement im Kongo wie eine Neuauflage des Kolonialismus erschien – nur mit dem Unterschied, daß die betroffene Bevölkerung Europäer und Amerikaner als Befreier begrüßte. Anders als in Afghanistan und Irak waren militärische Erfolge hier mit geringen Mitteln zu erzielen. Die Probleme begannen am Tag danach, denn die Friedenstruppen aus Westafrika, deren Einsatz die US-Navy koordinieren sollte, hatten in Liberia einen schlechten Ruf: Statt Übergriffe zu verhindern, nahmen sie selbst an Plünderungen und Ausschreitungen teil. Dazu kamen eigensüchtige Interessen der Nachbarländer Guinea, Burkina Faso und Côte d'Ivoire, die von der Destabilisierung der Region profitierten und ihren Klienten Waffen lieferten, wobei Libyens Ghaddafi die Fäden zog. Das vielbeschworene nation building *glich der Quadratur des Kreises in einem zerfallenden Staat wie Liberia, der nur noch auf dem Papier existierte. Und es klang wie ein schlechter Witz, als Charles Taylor davor warnte, „daß* *eine barfüßige Bande die Macht an sich reißen könnte". Genau das hatte er mit seinen Kindersoldaten getan, und zwischen Taylors NPFL (*National Patriotic Front of Liberia*) und der Rebellenbewegung LURD (*Liberians United for Reconciliation and Democracy*) bestand keinerlei Unterschied. Aber es gibt auch Positives zu vermelden: Ende 2005 fanden in Liberia demokratische Wahlen statt, aus denen erstmals in Afrika eine Frau, die frühere Weltbankfunktionärin Ellen Johnson-Sirleaf, als Siegerin hervorging, und der von Nigeria ausgelieferte Warlord und Ex-Präsident Charles Taylor muß sich vor dem UN-Menschenrechtstribunal für seine Taten verantworten.*

Blinde Passagiere auf einem sinkenden Schiff

Eine Reise von Freetown nach Monrovia

„Alle reden vom Bürgerkrieg in Liberia", sagt Paul Truding, Mitarbeiter der Deutschen Welthungerhilfe, der von Sierra Leones Hauptstadt Freetown aus die Hilfslieferungen für Monrovia koordiniert, „aber niemand spricht vom Krieg in Sierra Leone. Dabei schneiden die liberianischen Rebellen ihren Opfern nur die Ohren ab; hierzulande hacken sie den Leuten Hände und Füße ab." – „Wer tut so etwas – die Rebellen oder die Armee?" – „Das weiß niemand ganz genau, aber für die Zivilbevölkerung läuft es auf das gleiche hinaus, ob sie von Soldaten oder Rebellen ausgeplündert, entführt oder vergewaltigt wird. Man spricht von *Sobels* – Soldaten bei Tag und Rebellen bei Nacht." – „Und warum hacken sie den Leuten die Hände ab?" – „Zur Abschreckung, damit sie nicht von ihrem Wahlrecht Gebrauch machen. Im Wahllokal wird jeder Bürger mit Fingerabdruck registriert. Trotzdem hat das Volk den Putschisten eine Abfuhr erteilt und einen demokratischen Präsidenten gewählt. Die Zeit der Militärherrschaft ist vorbei, in Sierra Leone jedenfalls."

Wir sitzen in *Paddy's Bar*, einem Treffpunkt für Geschäftsleute, Diplomaten und humanitäre Helfer in Freetowns Nobelvorort Aberdeen. Beim Blick auf die von Palmen gesäumte Bucht, in der eine Motoryacht dümpelt, ist es schwer vorstellbar, daß ein Jahr zuvor alle Ausländer evakuiert werden mußten, weil Foday Sankohs Rebellenarmee RUF (*Revolutionary United Front*) vor den Toren der Hauptstadt stand. Nur das Eingreifen der *Executive Outcome*, einer von der Regierung angeheuerten

Söldnertruppe aus Südafrika, hat die Eroberung des Flughafens und die Plünderung von Freetown verhindert. „Foday Sankoh ist kein Fanatiker", meint der von Boutros-Ghali nach Freetown entsandte UN-Vermittler Berhanu Dinka, der in Abidjan den Waffenstillstand zwischen Regierung und Rebellen ausgehandelt hat. „Er ist ein pragmatischer Politiker, der Sierra Leone das Schicksal von Liberia ersparen will. Dort haben rivalisierende Warlords den Staat zerrüttet, während hierzulande, allen Rückschlägen zum Trotz, der Waffenstillstand hält, solange Präsident Kabbah die Armee und Foday Sankoh die Kämpfer der RUF unter Kontrolle haben. Sierra Leone ist ein Pulverfaß", fügt der äthiopische Diplomat hinzu, „in dem sich hochexplosiver Konfliktstoff aufgehäuft hat."

Ein Rundgang durch Freetown bestätigt den deprimierenden Befund. Die Stadt sieht aus, als wären freigelassene Sklaven aus der Karibik nicht vor 150 Jahren, sondern erst gestern hier gelandet und hätten einen Angriff aus dem Hinterland soeben erfolgreich abgewehrt. Im Schatten eines von Fledermäusen umschwirrten Cottonwood-Baums, unter dem einst afrikanische Priesterkönige Gericht hielten, steht eine lebensgroße, buntbemalte Blechskulptur von Captain Valentine Strasser, Anführer der Revolution vom 29. April 1992, der seit seiner Abdankung als Staatschef in London Politikwissenschaft studiert, flankiert vom Law Court Building, einem Relikt aus der britischen Kolonialzeit, und mit Sandsäcken verbarrikadierten Regierungsgebäuden, vor denen Panzer aufgefahren sind. Schräg gegenüber ein mit deutscher Hilfe eingerichtetes Museum, das meist geschlossen ist, und die von großem Polizeiaufgebot gesicherte US-Mission.

Ringsum ein Meer baufälliger Häuser, das wie ein Hüttendorf von Atomkraftgegnern aussieht, überragt von Kirchen, Moscheen und Betonhochburgen, in denen Botschaften, Ministerien und Büros internationaler Organisationen untergebracht sind. DON'T URINATE steht an der Mauer des *City Ho-*

tel, einer Villa im viktorianischen Kolonialstil, die bessere Zeiten gesehen hat, als Graham Greene hier abstieg – das in seinem Roman *The Heart of the Matter* geschilderte Bordell ist nur noch eine nostalgische Erinnerung.

Am Fuß der von Portugiesen erbauten Sklaventreppe haben Marktfrauen ihre Stände aufgeschlagen; gleich daneben fließt ein Abwasserstrom ins Meer und spült Müllberge auf den Strand, in denen barfüßige Kinder herumstochern. Vor einem verfallenen Lagerschuppen mit der Aufschrift GOVERNMENT WHARF rostet ein an die löchrige Kaimauer angedocktes Schiffswrack vor sich hin. Am Abend meiner Ankunft stach hier eine mit Passagieren und Gepäck überladene Fähre nach Guinea in See, um nur wenige Seemeilen entfernt, in Sichtweite des Strandes von Lungi, zu kentern; der Kapitän der *Confidence* rettete sich mit seinem Bootsmotor an Land, während mehr als 150 Männer, Frauen und Kinder im aufgewühlten Meer ertranken. Die Toten wurden ins Connaught Hospital gebracht, vor dessen Tor sich verzweifelte Menschen drängen, um vermißte Angehörigen zu identifizieren. Kein Wehklagen ist zu hören, nur stummer Schmerz auf allen Gesichtern. Ein Kleenextuch vor die Nase gepreßt, bahne ich mir einen Weg durch die Menge, aber der Geruch, der mir aus der geöffneten Tür der Morgue entgegenschlägt, ist so unerträglich, daß ich wieder kehrtmache; die Kühlung ist ausgefallen. Die von Angehörigen identifizierten Leichen werden auf Bahren oder in Holzkisten gelegt und mit Lastwagen und Taxis zum Friedhof transportiert.

„Keiner der Toten", schreibt die Zeitung *For di people* am nächsten Morgen, „trug Ringe, Uhren oder Schmuck. Sogar Gürtel und Schuhe hatte die Polizei ihnen abgenommen. In gewisser Weise sind alle Einwohner von Sierra Leone Passagiere auf einem sinkenden Schiff. Entweder wir arbeiten zusammen, um das Leck zu stopfen, oder wir sind gemeinsam zum Untergang verdammt."

„Früher war Sierra Leone ein Paradies", sagt David Lemon, Reporter der Tageszeitung *Daily Mail* und ehemaliger Staatssekretär im Transportministerium. „Als Gott dieses Land erschuf, gab er ihm alles, was der Mensch zum Leben braucht: Sonne, Wasser, Luft, fruchtbare Erde, tropische Vegetation, gute Fischgründe und reichen Viehbestand. Leider auch Gold und Diamanten – und damit fingen unsere Probleme an. Schon in der britischen Kolonialzeit blühte der Schmuggel, und heute werden neunzig Prozent aller in Sierra Leone geförderten Diamanten illegal ausgeführt. Der Staat ist pleite, und die Landeswährung ist nichts mehr wert: Der US-Dollar steht bei 900 Leones – nach der Unabhängigkeit betrug der Wechselkurs eins zu eins. Damals hat Sierra Leone noch Überschüsse an Reis exportiert, und jeder Bürger konnte ins Ausland reisen; heute sind wir von Hilfslieferungen abhängig und produzieren kaum noch Lebensmittel. Man macht die Libanesen, die den Ein- und Ausfuhrhandel kontrollieren, für alles verantwortlich, aber ich glaube, die Leute hier haben die falsche Mentalität und sind an ihrer Misere selber schuld."

Lemon erzählt, der damalige Präsident Siaka Stevens habe den größten je in Sierra Leone gefundenen Diamanten 1982 in München privat verkauft und das Geld auf einer Schweizer Bank deponiert. Die geheime Kontonummer sei auf einen Ring graviert gewesen, den er seinem Freund, Liberias Staatschef Tolbert, zur Aufbewahrung übergeben habe; dieser habe den Ring am großen Zeh getragen und, nach seiner Ermordung beim Putsch von Samuel Doe, mit ins Grab genommen: Kein Märchen aus *Tausendundeine Nacht,* sondern zeitgenössische Politik in Westafrika.

„Was unsere Staatsfinanzen ruiniert hat", setzt David Lemon hinzu, nachdem er mich um Geld für ein Taxi gebeten hat, „war die Konferenz der Organisation für Afrikanische Einheit (OAU), die 1980 in Freetown zusammentrat. Dafür wurde das teuerste Kongreßzentrum Afrikas gebaut. Sierra Leone hat sich von dem Aderlaß nicht wieder erholt. Obwohl es hierzulande nie ethnischen oder religiösen Streit zwischen Moslems und Christen, Mende, Temne und anderen Volksgruppen gab, hat die Armee im ganzen Land Straßensperren errichtet, an denen Zivilisten ausgeraubt, vergewaltigt oder ermordet werden. Um den Übergriffen zu entgehen, fliehen sie auf seeuntüchtigen Booten übers Meer. Kein Wunder, daß es dabei immer wieder zu Unfällen kommt."

Am nächsten Morgen finde ich mich in aller Frühe am Hafen ein, um mich zusammen mit Karen Moore von der Hilfsorganisation CARE auf einem gecharterten Boot einzuschiffen, das zu den an der Südküste gelegenen Minen der Sierra Rutile Company ausläuft. Mit Plastiktüten voller Biskuits und Konserven klettern wir vom Kai Elisabeth II. über das Deck eines mit bauxithaltiger Erde beladenen Frachters an Bord der *Adelaide*, die auf den ersten Blick wenig Vertrauen erweckt; der mit Plastiksesseln aus einem abgestürzten Flugzeug möblierte Trawler, Heimathafen Dakar, wird von einem Senegalesen gesteuert, der auf einer Art Friseurstuhl seinen Rausch ausschläft. Nach Sonnenaufgang wird es unter Deck stickig heiß, und die wenigen Passagiere drängen sich im immer schmaler werdenden Schatten des Schiffsschornsteins, dessen öliger Rauch sich mit Küchendünsten aus der Kombüse und dem Geruch von Erbrochenem mischt.

Die Docks von Freetown gleiten vorbei, rostige Kräne, Öltanks, Markt, Hospital und Polizeistation, und am Kap von Aberdeen kommt uns ein koreanisches Kühlschiff entgegen, eine schwimmende Fischfabrik, umlagert von Einbäumen, deren Insassen mit der Hand Netze auswerfen. *Whale Bay, Banana Island, Turtle Island*: Ortsnamen wie aus einem Seeräuberroman, bevor wir nach sechs Stunden Fahrt unter bleierner Sonne ins Delta des Sherbro River einlaufen.

An einer als Treffpunkt vereinbarten Boje nimmt uns die *Broad Arrow* an Bord, eine Motoryacht, die im Vergleich zum spartanischen Komfort der *Adelaide* wie ein Luxusliner erscheint: Sascha, der aus Split stammende Schiffsjunge, serviert heißen Kaffee und eisgekühltes Bier, während der wortkarge Kapitän mit dem Feldstecher Sandbänke und Böschungen inspiziert, in deren Ufervegetation sich bewaffnete Rebellen versteckt halten könnten. Was auf den ersten Blick wie eine unberührte Flußlandschaft wirkt, entpuppt sich bei näherem Hinsehen als ökologisches Katastrophengebiet: Die Strände sind mit Ölschlamm überzogen, und an den Luftwurzeln der Mangroven, in denen seltene Seevögel und Amphibien nisten, klebt schwarzer Teer.

Vor uns liegt *Nitti Landing,* der Hafen der Sierra Rutile Company, von dem aus das gleichnamige Edelmetall, begehrter Rohstoff für den Raketen- und Satellitenbau, nach Freetown verschifft wurde: abgefackelte Öltanks, zerbeulte Container und verbogenes Rohrgestänge. Anfang 1995 wurde das Minengebiet von Foday Sankohs Streitkräften besetzt; mehrere Ingenieure, unter ihnen auch ein Deutscher, wurden von der RUF als Geiseln genommen. Zur Vergeltung brandschatzte Sierra Leones Armee umliegende Dörfer und verwüstete die schon einmal geplünderten Industrieanlagen; was die Rebellen verschont hatten, fiel marodierenden Soldaten zum Opfer. Wer von beiden den Ölhahn geöffnet und 4000 Tonnen Diesel in den Fluß geleitet hat, ist nicht klar; seitdem haben die ortsansässigen Fischer nur noch Teerklumpen, tote Fische und verendete Wasservögel im Netz, und die rote Erde des Hafengeländes ist knöcheltief getränkt mit Öl.

Ein Jeep mit bewaffneter Eskorte erwartet uns; bärtige Hünen in T-Shirts und Shorts, die wie nach Afrika verschlagene Wikinger aussehen, mit schwerfälligem Akzent Englisch sprechen und sich weigern, ihre Namen zu nennen. Nur ein aus Angola stammender MG-Schütze namens Ricardo gibt seine Identität preis. Erst jetzt begreife ich, daß ich es mit südafrikanischen Söldnern zu tun habe, die im Auftrag der Sierra Rutile Company das Minengebiet vor Überfällen schützen: Der multinationale Konzern traut dem zwischen Regierung und Rebellen ausgehandelten Waffenstillstand nicht.

Die Kämpfer der *Executive Outcome* haben den Ruf, brutal und nicht sehr gesprächig zu sein. Wir fahren im Konvoi, ein Jeep mit aufgebocktem MG vorneweg, in halsbrecherischem Tempo über eine kurvenreiche Straße, die in eine holprige Piste übergeht, vorbei an von Schlingpflanzen überwucherten Autowracks. Links und rechts der Straße vom Zirpen der Zikaden erfülltes Dickicht, das dort, wo der Abraum der Minen den Sekundärwald zerfrißt, in rote Wüste mit künstlichen Seen übergeht, auf denen rostige Schwimmkräne dümpeln.

„Um die toten Gewässer zu beleben, haben wir Fische ausgesetzt. Tilapia-Barsche sind eine gute Proteinquelle für die unterernährte Bevölkerung", sagt Brian Calver, Direktor der Sierra Rutile Company, der mir an der *Mobimbi Hills Bar*, einer Mischung aus Werkskantine und Offizierskasino, gegenübersitzt. Als Dekoration hängt ein Fischernetz und eine von Rebellen erbeutete Kalaschnikow an der Wand, neben einem Kalender mit Pin-up-Girls. Hinter der Theke stapeln sich Kartons voll Dosenbier und südafrikanischem Wein, der ebenso wie Zahnpasta und Rasiercreme, Kartoffelchips und Cornflakes per Hubschrauber von einer der Küste vorgelagerten Bohrinsel eingeflogen wird.

„Seit *Executive Outcome* den Schutz des Minengebiets übernommen hat", fährt der Firmenboss fort, während ein Wachmann ihm eine Plastiktüte mit zwei geladenen Pistolen überreicht, „kehren immer mehr Einheimische, die vor den Rebellen und der Armee in den Busch geflohen sind, in ihre Dörfer zurück. Vor dem Angriff am 28. Januar war Mobimbi ein Paradies mit Schwimmbad, Golf- und Tennisplatz, Klimaanlage und Elektrizität rund um die Uhr. Die Rebellen haben alles kurz und klein geschlagen, nur die Computerzentrale entging ihrer Zerstörungswut. Für die Kriegsschäden von 25 Millionen Dollar kommt keine Versicherung auf. Bergbau in Afrika ist ein riskantes Geschäft", fügt er hinzu und führt mich vorbei am leeren Swimmingpool, wo Bodybuilder an Kraftmaschinen trainieren, zu einer Terrasse mit Holzkohlengrill, auf dem ein schwarzer Koch Hähnchen brät. Vor uns liegt die afrikanische Savanne, in blauem Dunst verdämmerndes Hügelland, über das wie Elefantenherden die Wolken ziehen. „Aber ich bin Optimist, denn das von uns geförderte Rutil ist weltweit von bester Qualität. Wir haben 200 Millionen Dollar investiert; der Profit wird zur Hälfte zwischen dem Staat und den Aktionären geteilt, und Sierra Leones Regierung geht pleite, wenn sie den Kontrakt nicht verlängert."

Es ist nicht leicht, mit einem Offizier der *Executive Outcome* ins Gespräch zu kommen, aber mein Doktortitel hat sein Vertrauen erweckt, und nach einigem Zögern erklärt sich Colonel Nick zum Interview bereit unter der Bedingung, daß ich seinen richtigen Namen nicht nenne.

„Sie werden verstehen, daß ich über unsere Truppenstärke und Bewaffnung keine Angaben machen darf", sagt der Oberst aus Südafrika, dessen Gesicht im Schatten liegt, während er vorsichtig an seiner Cola nippt. „*Executive Outcome* ist eine Privatfirma und hat nichts mit der südafrikanischen Regierung oder Armee zu tun. Ich selbst war bei den *Special Forces* in Angola und habe dort gegen die Kubaner gekämpft. Aber das ist lange her. Heute werden wir nur noch tätig, wenn eine rechtmäßige Regierung uns zu Hilfe ruft, wie dies in Sierra Leone der Fall war, als die Rebellen dreißig Kilometer vor Freetown standen. Obwohl das Terrain schwierig und für konventionelle Kriegsführung nicht geeignet ist, trieben wir die RUF aus den Vorstädten in den Busch zurück. Unsere Verluste waren minimal, gemessen an den schweren Verlusten, die wir dem Gegner beibrachten. Seitdem läßt die RUF uns in Ruhe. Das Problem sind nicht im Busch versteckte Rebellen", setzt Colonel Nick hinzu, während er eine fliegende Ameise zerdrückt, die sich in seinem Hemdkragen verfangen hat, „sondern Schwarzwasserfieber und Malaria: Die Krankheitserreger sind gegen die Prophylaxe immun."

Ich frage ihn, warum seine Truppe sich von der Presse abschottet, und was sich hinter dem Schleier der Geheimhaltung verbirgt. – „Wir haben schlechte Erfahrungen gemacht. Die Medien stellen uns als reaktionäre Rassisten und Vorkämpfer der Apartheid dar, besonders in den USA, deren Exportwirtschaft mit Südafrika konkurriert. In Wahrheit legen wir größten Wert auf gutes Einvernehmen mit der örtlichen Bevölkerung." Der Oberst zeigt auf eine Wandtafel, auf der die Richtlinien für den Einsatz verzeichnet sind: 1. Herstellung guter Beziehungen zur einheimischen Bevölkerung; 2. Herstellung herzlicher Beziehungen zur einheimischen Bevölkerung; 3. Sicherung des Operationsgebiets; 4. Hilfe beim wirtschaftlichen Wiederaufbau der Region.

BLACK JESUS IN ACTION FOR A BETTER SIERRA LEONE – JOIN THE RUF NOW! hat einer der Rebellen auf die Tür meines Bungalows gesprüht, aus dem zusammen mit der Klimaanlage auch die Fliegengitter gestohlen worden sind. Von draußen dringen die Geräusche des Urwalds herein, unterbrochen vom Schnarchen eines Wachpostens, der hinter seinem MG eingeschlafen ist, während ich mich, von Moskitos umschwärmt, schlaflos auf einem Feldbett wälze.

Am nächsten Morgen besuche ich zusammen mit Karen Moore ein Dorf im Flußdelta, dessen Bewohner vor den Kämpfen in den Busch geflohen sind; jetzt kehren sie in ihre von Armee und Rebellen geplünderten Hütten zurück, wo CARE-Mitarbeiter Kochtöpfe, Decken und Saatgut verteilen, damit die Bauern ihre Felder bestellen können. Um den Bedarf zu ermitteln, wird jedes Familienoberhaupt mit Frau und Kindern registriert. Das ist leichter gesagt als getan, denn den meisten Flüchtlingen ist die Lage ihres Heimatortes und die Zahl seiner Bewohner nicht klar, und die Frage nach Alter oder Beruf können viele von ihnen nicht beantworten.

Ganz Nyandehun ist an diesem Morgen auf den Beinen; Männer, Frauen und Kinder stehen geduldig in der prallen Sonne, um mit Namen und Fingerabdrücken registriert und mit einem Sack Reispflanzen für stundenlanges Warten belohnt zu werden. Währenddessen führt der Bürgermeister mich durch die im Krieg zerstörten Hütten, deren Dächer eingestürzt und deren Wände mit Graffiti bekritzelt sind; überall liegen zerbrochene Kalebassen herum. Am Rand einer von Unkraut überwucherten Ananasplantage hat man ein Massengrab ausgehoben, in dem die Opfer der Kämpfe beigesetzt sind. Ein alter Mann bietet mir gärenden Palmwein zu trinken an, den er aus dem Strunk einer Ölpalme destilliert. Die verbrannte Erde ist mit toten Tausendfüßlern übersät, deren Chitinpanzer bei jedem Schritt unter den Schuhsohlen knacken.

Alfred Bangali, der Bürgermeister, hat früher bei der Rutile Company gearbeitet und ist jetzt Chef der Kamajors, junger Krieger, die das Dorf vor Überfällen der Rebellen und der Armee schützen. Sie sind mit Buschmessern, Gewehren und Speeren bewaffnet, werden in Jagd- und Kriegszauber initiiert und mit Kuhhörnern, Muschelketten und Fetischen ausstaffiert, die sie unbesiegbar machen sollen.

Als ich zum Dorfplatz zurückkehre, herrscht dort große Aufregung: Eine Gruppe von Kriegern hat einen Gefangenen eingebracht, den sie an einem Strick gefesselt hinter sich herziehen; angeblich handelt es sich um einen Spion, der sich zu Unrecht als Kamajor ausgegeben und deshalb den Tod verdient habe. Der Gefangene ist schweißgebadet und zittert am ganzen Leib, während einer der Bewacher ihm sein Messer und ein anderer einen Speer an die Kehle setzt; ein dritter drückt ihm die Mündung einer Kalaschnikow gegen die Brust. Ich bitte darum, das

Leben des jungen Mannes zu schonen, aber Karen Moore meint, ich hätte kein Recht, der Justiz vorzugreifen und mich in die inneren Angelegenheiten eines afrikanischen Dorfes einzumischen. Auf Geheiß des Bürgermeisters wird der Verdächtige in eine als Gefängnis dienende Hütte gesperrt, aus der dumpfer Sprechgesang dringt; als ich frage, was das Lied zu bedeuten habe, erklärt man mir, er stimme seine Totenklage an. Vor der Abfahrt geben wir dem Bürgermeister Wasser und Biskuits für den Häftling und nehmen ihm das Versprechen ab, diesen so bald wie möglich der Polizei zu überstellen; mehr, so heißt es, können wir nicht für ihn tun.

„Meine Entführer haben mich gut behandelt", sagt Rüdiger Bruns, General Manager von Coca-Cola, der mir am nächsten Tag in *Paddy's Bar* in Freetown gegenübersitzt. Der 47jährige Volkswirt aus Hamburg wurde im Januar 1995 im Süden von Sierra Leone von RUF-Rebellen gekidnappt und erst drei Monate später, nach einem strapaziösen Marsch quer durch den Busch, an der Grenze zu Guinea dem Roten Kreuz übergeben, das die Freilassung ausgehandelt hatte. „Die Rebellen haben ihr kärgliches Essen mit uns geteilt", fährt er fort, während der Kellner uns Barrakuda-Steaks serviert: „Kochbananen, Kassaven, Reis mit Bohnen und manchmal ein wenig Fleisch oder Fisch. Nur in den ersten Tagen gab es ausreichend zu essen: Der für die Minenarbeiter zuständige malaysische Koch hatte die Tiefkühltruhe gut gefüllt, und in der Bar war eine Flasche Johnny Walker zurückgeblieben."

Ich will wissen, woher die Lebensmittelknappheit in Sierra Leone kommt. „Sobald der Krieg ausbricht, fliehen die Bauern in den Busch. Die Felder werden nicht mehr bestellt, und als Folge herrscht Hungersnot. Wegen der dort herrschenden Knappheit an Lebensmitteln besetzen die Rebellen keine Gebiete im Hinterland." – „Hatten Sie keine Angst vor Ihren Entführern?" – „Nur bei der Gefangennahme, als die Armee floh und die RUF das Lager stürmte. Ich versteckte mich in meinem Büro und hörte, wie Schüsse näherkamen und Soldaten in die Häuser eindrangen. Ich hob die Arme über den Kopf und rechnete mit dem Schlimmsten, als ein Kämpfer die Tür aufbrach und seine Kalaschnikow auf mich richtete. Beim Blick auf seine Turnschuhe sah ich, daß er höchstens vierzehn war. Er ließ seine Waffe sinken und sagte: ‚Nimm die Hände herunter. Ich bin dein Freund.' – Später wurde es noch einmal gefährlich, als die nigerianische Luftwaffe Stellungen der RUF bombardierte. Die Rebellen glaubten, wir hätten mit unseren Kurzwellenradios die Flugzeuge alarmiert. Sie drohten, uns zu erschießen, aber am Ende nahmen sie uns nur die Radios weg. Danach war eine *History of Sierra Leone*, die ich mehrmals von Anfang bis Ende gelesen habe, mein einziger Zeitvertreib." – „Sind Sie Foday Sankoh persönlich begegnet?" – „Er betete täglich mit uns und ließ sich mit seinen Geiseln photographieren, um zu beweisen, daß wir noch am Leben waren. Foday Sankoh ist Moslem. Wegen seiner Verwicklung in einen Militärputsch wurde er aus der Armee entlassen und arbeitete anschließend in Bo als Photograph. Erst durch unsere Entführung wurde sein Name im Ausland bekannt. Vorher hatte niemand die RUF ernstgenommen." – „Und warum haben Sie keinen Fluchtversuch unternommen?" – „Wir waren zu siebt – zwei Schweizer, vier Engländer und ich, und uns wurde bald klar, daß wir im Busch keine Überlebenschance gehabt hätten. Da wir nicht zu fliehen versuchten, haben uns die Rebellen nicht ernstlich bedroht."

Ortswechsel. Ich sitze in einem Kampfhubschrauber der US-Navy im Anflug auf Monrovia. Hinter mir liegen 36 Stunden nervtötenden Wartens auf der Rollbahn des Flughafens Lungi, im Lärm startender und landender Helikopter, umgeben von Gabelstaplern, Satellitentelefonen und Poker spielenden US-Marines, und eine Nacht an Bord der USS Guam, wo ein Maschinenschaden simuliert wurde: Alle Räder standen still, und die Temperatur in der Kabine stieg auf vierzig Grad, so daß an Schlaf nicht zu denken war.

Vor mir das Cockpit des Kampfhubschraubers, an das eine Computergraphik gepinnt ist mit dem Bild einer nackten Frau, die, auf dem Rücken liegend, die Beine spreizt, während ein Helikopter Raketen auf sie abschießt. VULGAR DISPLAY OF POWER (Vulgäre Machtentfaltung), steht auf dem Rumpf der Maschine, und wie zur Bestätigung dieses Slogans feuert der Bordschütze eine MG-Salve ins Meer, die das Wasser hoch aufspritzen läßt. Das Vorgebirge Mamba Point kommt in Sicht, schwarzer Basaltfelsen, weißer Sand, roter Tennisplatz, der in die Schräglage kippt; der Hubschrauber fliegt eine enge Kurve und landet neben einem würfelförmigen Haus, über dem das Sternenbanner weht.

„Willkommen in Monrovia", sagt Sultana Varvaroussis, die Pressesprecherin der US-Botschaft. „Sie sind auf eigenes Risiko nach Liberia gekommen, und die Regierung der Vereinigten Staaten übernimmt keine Verantwortung für Ihre Sicherheit. Bitte tragen Sie Ihren Namen auf dieser Liste ein. Der Botschafter ist zu beschäftigt, aber Colonel Forbush steht zu einem Interview bereit."

Im Innern des Botschaftsgebäudes ist es kalt wie in einer Tiefkühltruhe. „Von dem winzigen Areal, auf dem Sie eben gelandet sind", sagt der Kommandeur der nach Liberia entsandten US-Marines, ein im Vietnamkrieg dekorierter Offizier, „wurden in nur drei Wochen 2.300 Personen evakuiert: Amerikaner und Bürger dritter Staaten, Entwicklungshelfer, Diplomaten und Liberianer, die mit Ausländern verheiratet sind. Unsere Aufgabe besteht im Schutz der Botschaft und in der Verteidigung des Geländes gegen feindliche Angriffe. Wir haben kein Mandat, uns in die Kämpfe einzumischen, obwohl das Leiden und Sterben der Menschen hier uns sehr nahegeht. Die vor der Küste kreuzende Flotte hat genügend Soldaten und ausreichend Bewaffnung an Bord, um die Zivilbevölkerung vor Angriffen zu schützen, aber das ist eine politische Entscheidung, die der *Supreme Commander* in Washington trifft. Wir schießen nur zurück, wenn auf uns geschossen wird."

Colonel Forbush überreicht mir einen mit dem Code ZYB FM CTF SIX ONE/SIX TWO//PAO FWD//TWO TWO MEU SOC//PAO//BT chiffrierten Computerausdruck, die offizielle Version eines Schußwechsels, bei dem vier Rebellen von amerikanischen Scharfschützen getötet wurden, nachdem sie auf diese das Feuer eröffnet hatten.

Einer der Marines, Corporal Farrand, wurde am Hals von einer verirrten Kugel gestreift, die sich im Kragen seines Hemdes verfing. Nachdem er ärztlich versorgt worden war, kehrte der 20jährige in seine Stellung zurück und tötete den Angreifer, der auf ihn geschossen hatte: „Ich habe keine Ahnung, zu welcher Bürgerkriegspartei er gehörte, denn die liberianischen Kämpfer tragen keine Uniform. Aber er hat Streit gesucht und dafür bezahlt."

Die Western-Mentalität ist weitverbreitet unter den auf dem Botschaftsgelände postierten Marines. In voller Gefechtsausrüstung, mit Stahlhelmen und kugelsicheren Westen, liegen sie schwitzend hinter Sandsäcken und Stacheldraht verbarrikadiert und haben Mitglieder der Street Gangs im Visier, die vor ihren Augen morden, plündern und vergewaltigen und in gestohlenen Autos humanitärer Organisationen herumfahren. Nach der jüngsten Schießerei wird der Bannkreis der Botschaft gemieden: Vor jedem Feuergefecht signalisieren die Kriegsparteien, daß der Beschuß nicht gegen die Amerikaner gerichtet ist; trotzdem schlagen immer wieder Kugeln und Schrapnells auf dem Botschaftsgelände ein. MY RIFLE IS MY BEST FRIEND, hat ein Marinesoldat in die Platte eines hochgestellten Schreibtischs geritzt, der ihm als Kugelfang dient. SUICIDAL TENDENCIES, CONTROLLED BY HATE (Selbstmörderische Neigungen, durch Haß kontrolliert), hat ein anderer daruntergesetzt.

„God bless you, good luck", sagt Botschafter Milam, bevor sich das Gittertor der US-Mission hinter mir schließt. Mit weichen Knien trete ich auf die Straße. Der Gang durch die Stadt gleicht einem Spießrutenlauf: In einer *Crack Alley* genannten Seitengasse liefern sich Kämpfer der NPFL (*National Patriotic Front of Liberia*), hinter Autowracks verschanzt, Feuergefechte mit aus der Innenstadt vorrückenden Soldaten der Krahn-Miliz, die aus der regulären Armee hervorgegangen ist. Beide Seiten schießen schlecht, aber das ist nur ein schwacher Trost, denn die meisten Opfer des Krieges sind Zivilisten, die von Querschlägern oder verirrten Kugeln getroffen werden.

Zwei Männer mit Mullbinden vor dem Gesicht kommen mir entgegen. „We are the skeleton team", sagt einer der beiden und zeigt auf eine Bahre mit einem toten Kind, das zwischen frisch aufgeschütteten Gräbern am Wegrand verscharrt wird. Alles muß schnell gehen, da in der Nähe Schüsse zu hören sind. Die Sanitäter führen mich zu einem verschlossenen Eisentor, dessen Wächter mich nach Waffen durchsucht, bevor ich das von einer hohen Mauer umgebene Flüchtlingslager Greystone betreten darf. 24.000 Männer, Frauen und Kinder leben hier unter Plastikplanen des Flüchtlingshilfswerks UNHCR auf engstem Raum.

„Das Hauptproblem ist der Mangel an Hygiene", sagt ein liberianischer Arzt, während er einem jungen Mann eine Kugel aus dem Oberarm extrahiert. Nicht nur Zivilisten, auch Kämpfer der Kriegsparteien werden kostenlos behandelt, wenn sie ihre Waffen am Lagertor abgeben. „Seit die Tankwagen der EU uns sauberes Wasser liefern, geht die Sterblichkeit zurück und liegt nur noch bei drei bis vier Personen pro Nacht, meist Opfer von Durchfallerkrankungen oder Malaria. Zum Glück hatten wir noch keinen Cholerafall", fügt Dr. Edet hinzu und vertreibt vom Blutgeruch angelockte, bunt schillernde Fliegen, die hier besonders wohlgenährt aussehen.

Das Nothospital ist in einem Zelt des Roten Kreuzes untergebracht; die auf Feldbetten liegenden Kranken werden von freiwilligen Helfern betreut. Daneben wird an improvisierten Marktständen aus Hilfslieferungen stammender Reis verkauft, zusammen mit Diebesgut aus geplünderten Geschäften und Büros: Rechenmaschinen und Computer, Whisky und Zigaretten. Der Bürgerkrieg in Liberia gleicht einer chaotischen Umverteilungsaktion, von der außer einer Handvoll Kriegsgewinnlern niemand profitiert – nicht nur materielle, auch ideelle Werte, Familienstrukturen und Freundschaften wurden unwiderruflich zerstört.

Beim Verlassen von Greystone kreuzt eine Patrouille der NPFL meinen Weg; Teenager in Turnschuhen und T-Shirts, entsicherte Kalaschnikows in Händen; der Anführer trägt eine Axt über der Schulter, ein rotes Kopftuch und eine Sonnenbrille. WAR BUS haben die Street Fighter auf einen zerbeulten Landrover der UNOMIL (UN-Mission in Liberia) gesprüht: DEATH TEAM NUMBER ONE. – „Ich heiße Saddam Hussein", sagt der Mann mit der Axt, „und deine Schuhe gefallen mir." Mein liberianischer Begleiter bietet ihm eine Schachtel Marlboro an, alle bedienen sich, und laut hupend setzt der Kriegsbus die unterbrochene Fahrt fort.

Die Innenstadt von Monrovia sieht aus, als sei eine Neutronenbombe explodiert, die die Gebäude intakt gelassen, aber deren Einwohner getötet hat. Über den Dächern kreisen Geier, und auf den menschenleeren Straßen streiten sich knurrende Hunde um die Überreste der Toten, die an strategisch wichtigen Kreuzungen verstümmelt zur Schau gestellt werden: Ein atavistisches Ritual, das den Gegner demoralisieren und ihm *Bis hierher und nicht weiter* signalisieren soll. Wie die Brandung des Meeres wogt der Krieg durch das Zentrum der Stadt; obwohl das strategische Ziel beider Seiten die Kontrolle des Geschäfts- und Regierungsviertels ist, geben die Street Fighter erobertes Territorium kampflos wieder preis, so als sei das Ganze ein Kinderspiel, das mit scharfer Munition ausgetragen wird.

Die Flut spült das Strandgut des Krieges auf die Straße: Der Asphalt ist mit Patronenhülsen gesprenkelt und mit dem Hausrat ermordeter oder vertriebener Bewohner übersät – zerknüllte Photos und zerfetzte Ausweise, Kinderschuhe sowie Kondome aus einem Depot der Weltgesundheitsorganisation. Dazwischen eine Ausgabe der *Encyclopaedia Britannica,* die den Kämpfern als Toilettenpapier dient.

Außer der amerikanischen Botschaft ist das *Mamba Point Hotel* das einzige Gebäude im Zentrum der Stadt, das nicht von Banditen geplündert worden ist. Der Preis für dieses Entgegenkommen ist hoch: 50.000 Dollar soll der libanesische Besitzer den Warlords bezahlt haben, damit die hier abgestiegenen Fernsehteams, Reporter und Photographen nicht überfallen und ausgeraubt werden. Das Hotel hat einen eigenen Generator, ein Faxgerät und Telefon, mit dem rund um die Uhr ins Ausland telefoniert werden kann; Dusche, Kühlschrank und Klimaanlage funktionieren, und jeden Abend wird eine warme Mahlzeit serviert, die, gemessen an den Zuständen in Monrovia, kulinarischer Luxus ist.

Nach dem Frühstück verlassen die Journalisten in kleinen Gruppen das Hotel und streifen durch die Straßen der Stadt. Um diese Zeit schlafen die Kämpfer der Kriegsparteien noch, und die verbliebenen Bewohner kommen aus ihren Verstecken hervor, um Wasser und Nahrung zu suchen. Am Nachmittag, wenn die Kindersoldaten der NPFL sich Mut angetrunken haben, wird es gefährlich; sie gestikulieren mit ihren Waffen und sind nur mühsam davon abzuhalten, vor laufender Kamera eine Geisel zu exekutieren. Trotzdem signalisieren sie ihren Gegnern auf der anderen Straßenseite, das Feuer einzustellen, wenn eine Gruppe von Journalisten die Front überqueren will.

Wir gehen hinter Mauervorsprüngen in Deckung, und während rechts und links von uns Kugeln einschlagen, brechen die Street Fighter in lautes Gelächter aus; sie sind Schießereien gewohnt, und es heißt, das einzige Ziel, das sie träfen, sei das Meer.

Die Soldaten der früheren Regierungsarmee sind disziplinierter als die bewaffneten Teenager der NPFL, die im Busch gekidnappt und zwangsrekrutiert worden sind; die meisten von ihnen haben nie eine Schule besucht. Die Krahn-Miliz dagegen wurde von Armeeoffizieren trainiert und hat das Kriegshandwerk gelernt; sie trotzt seit Wochen, im Barclay Training Center verschanzt, ohne Nachschub an Waffen und Munition einer Übermacht der NPFL, die sie durch ständige Ausfälle zu zermürben sucht.

Lachender Dritter ist die westafrikanische Friedenstruppe ECOMOG (*Economic Community of West African States Cease Fire Monitoring Group*), deren Akronym in Monrovia mit *Every car and moveable object gone* (jedes Auto und bewegliche Gut gestohlen) übersetzt wird. Anstatt den von den Kriegsparteien in Accra unterzeichneten Waffenstillstand durchzusetzen, greift sie selbst in die Kämpfe ein und nimmt teil an Plünderungen und Ausschreitungen gegen die Zivilbevölkerung. Vor unseren Augen schlagen am Hafen postierte ECOMOG-Soldaten aus Nigeria mit Gewehrkolben auf Frauen und Kinder ein, die sich an Bord eines mit Flüchtlingen überfüllten russischen Schiffes zu retten versuchen. „Ich mache alles nur aus humanitären Gründen“, behauptet Kapitän Teljuschkin aus Archangelsk, der für die Überfahrt nach Ghana 200 US-Dollar pro Person kassiert: „Der Mensch muß dem Menschen helfen. Geld interessiert mich nicht.“

Am Morgen vor der Abreise werde ich von einem Orkan geweckt, der sich beim Blick aus dem Fenster als Feuergefecht entpuppt: Die Gegenoffensive der Krahn-Armee hat die Stellungen der NPFL überrollt, der Strand von Mamba Point wird heftig umkämpft, unsere Bewacher liegen tot auf der Straße vor dem Hotel. „We've just changed hands“ (wir haben soeben die Besitzer gewechselt), sagt Imad Aoun, der libanesische Manager, zu den in der Hotelhalle wartenden Journalisten, die auf gepackten Koffern sitzen. Zwei Stunden später werden wir von Agenten in Zivil, die automatische Gewehre und kugelsichere Westen tragen, zur amerikanischen Botschaft eskortiert, von wo ABC-Korrespondent John McWethy eine melodramatische Meldung nach New York absetzt: *Amerikanisches TV-Team unter Lebensgefahr aus Liberia evakuiert – McWethy wohlauf.*

Am letzten Abend sitze ich am Strand von Aberdeen in *Paddy's Bar* und unterhalte mich mit Wolfgang Hessler, der die Lastwagenflotte der Welthungerhilfe betreut. Am Morgen hat er 700 Boat People vom Hafen in Freetown mit Bussen und Lkw nach Waterloo gebracht, wo eine islamische Hilfsorganisation ein Hüttendorf aus dem Boden stampft. Vor dem Abtransport wurden die Neuankömmlinge von der Polizei registriert: Nur internen Vertriebenen aus Sierra Leone ist die Einreise erlaubt; die aus Liberia stammenden Flüchtlinge werden auf einem in Ghana registrierten Schiff zusammengepfercht, das als schwimmende Kloake im Hafen dümpelt. Außer den Boat People aus Liberia hat die *Victoria Reefer* – so heißt der Seelenverkäufer – nigerianische ECOMOG-Soldaten mit ihren Familien an Bord, die Beutegut aus Monrovia nach Hause transportieren: Autos und Motorräder, Fernseher und Tiefkühltruhen.

„Afrika ist nicht so schlecht wie sein Ruf", sagt Wolfgang Hessler, der zu DDR-Zeiten in Mosambik und Angola und später im Südsudan gearbeitet hat. „Was in den Katastrophenmeldungen nicht vorkommt, ist die Kreativität und spontane Solidarität der Menschen hier. Ich denke dabei an Großfamilien, die elternlose Kinder ohne Probleme integrieren, oder an den Kleinsthandel, einen informellen Austausch von Waren und Dienstleistungen, dem die Ärmsten ihr Überleben verdanken. Krankheit und Tod, Unglück und menschliches Leid werden in Afrika nicht verdrängt, sondern offen gezeigt und brüderlich miteinander geteilt. Ich weiß, wovon ich rede, denn ich komme aus der ehemaligen DDR."

Postskriptum

Hoher Besuch

Der Airbus A-310 des Bundespräsidenten ähnelt einem Raumschiff Enterprise, *das in einer fernen Galaxie niedergeht. Das Eintauchen in fremde Kulturen ist schon aus Zeitgründen unmöglich, denn die Reise durch vier afrikanische Staaten steht unter dem Diktat des Protokolls, das nicht mit sich spaßen läßt, und der Staatsgast kommt sich vor wie Adelbert von Chamisso auf der Fregatte* Rurik, *der die Inneneinrichtung seiner Kajüte und das Reglement an Bord genauer beschreibt als die Südseeinseln, die das Schiff anläuft. Erst der Blick aus dem Fenster des Luxushotels macht klar, in welchem Teil der Welt man sich befindet: Zwei Geier kreisen über dem Swimmingpool, ein Wächter mit Maschinenpistole döst im Schatten eines Jacaranda-Baums, und beim Betreten des Bads huscht eine smaragdgrüne Eidechse über den Kachelboden und verkriecht sich hinter dem Abflußrohr.*

Ich bin in Freetown, der Hauptstadt Sierra Leones, und beim Verlassen des mit chinesischer Hilfe renovierten Bintumani-Hotels *holt die afrikanische Realität mich ein. Hassan ist Computerexperte und arbeitet als Hotelportier, weil er wie viele Sierra Leoner in seinem gelernten Beruf keine Arbeit finden kann. Die Eltern starben, und zwei seiner vier Geschwister sind spurlos verschwunden im zehnjährigen Bürgerkrieg, der das westafrikanische Land materiell und moralisch verwüstet hat. Jetzt übt Sierra Leone unter Aufsicht der Vereinten Nationen mühsam erste Schritte in Richtung Demokratie. Aber das UNO-Mandat läuft demnächst aus, und die Arbeitslosigkeit ist Wasser auf die Mühlen bewaffneter Banden, die im Busch auf ihre Chance warten, die Diamantengebiete zurückzuerobern.*

„Warum ehrlich arbeiten, wenn ein Kindersoldat in Côte d'Ivoire zehn Dollar pro Tag verdient", sagt Hassan. Er hat seine Livree abgelegt und hockt mit angezogenen Knien am Straßenrand, einen Blechnapf mit Reis in Händen, den seine Frau Aischa ihm aus der Hotelküche zukommen läßt. Beider Lohn reicht kaum für die Fahrtkosten, und um Geld zu sparen, laufen sie jeden Morgen vor Sonnenaufgang zehn Kilometer zu Fuß zum Hotel.

Noch bedrückender ist das Elend der Kriegsversehrten, die in einem Lager von Handicap International vor sich hinvegetieren, nur fünf Minuten entfernt vom UN-Hauptquartier im Mammy-Yoko-Hotel. Das Wort Invalide klingt fast beschönigend, wenn man das Schicksal dieser Menschen bedenkt, denen die Rebellen Hände und/oder Füße abhackten, damit sie als lebende Litfaßsäulen deren Botschaft verbreiteten: Propaganda der Tat im makabersten Sinn. Zwar hat die Hilfsorganisation ihnen Prothesen angepaßt und sie auf Krücken gehen gelehrt, aber sie erhalten keinerlei Unterstützung mehr, weder Geld noch Kleider und Lebensmittel, weil aus Sicht der Vereinten Nationen in Sierra Leone Frieden herrscht. Die Invaliden sollen in ihre Dörfer zurückkehren und sich selbst ernähren, obwohl sie ohne Hände nicht mal betteln können im Busch, wo es selbst für Gesunde keine Arbeit gibt. Das Elend der Krüppel erscheint doppelt absurd, wenn man bedenkt, daß hochrangige Besucher, von Bill Clinton bis Kofi Annan, sich mit ihnen ablichten lassen, ohne daß die versprochene Hilfe sie erreicht.

Wie prekär die Lage im Lande noch immer ist, zeigt sich beim Besuch eines Zentrums für Waisenkinder, wo ein kleiner Junge sich an die Gattin des Bundespräsidenten klammert und ihr durch Gesten zu verstehen gibt, daß er adoptiert zu werden wünscht. Eine Personenschützerin nimmt sich des Kindes an und bringt es mit sanftem Druck zu seinen Betreuern zurück. Und in einem Flüchtlingslager an der Grenze zu Liberia eskaliert der Streit um die Reste des für die Gäste aufgebauten Büf-

fets zur tätlichen Auseinandersetzung, die von deutschen Personenschützern geschlichtet werden muß. Dabei leidet die örtliche Bevölkerung, wie man hört, größere Not als die von Hilfsorganisationen versorgten Flüchtlinge.

Nicht weniger bedenklich ist die Tatsache, daß Rebellenführer Foday Sankoh unter ungeklärten Umständen in Freetown im Gefängnis verstarb, während der Drahtzieher des Bürgerkriegs, Liberias Ex-Diktator Charles Taylor, bis März 2006 in Nigeria politisches Asyl genoß. Erst nach langwierigen Verhandlungen wurde Taylor nach Sierra Leone ausgeliefert und von dort nach Den Haag überstellt, wo ihm als Kriegsverbrecher der Prozeß gemacht werden soll. Das Tribunal in Freetown, das Menschenrechtsverletzungen bis hin zum Kannibalismus ahnden muß, ist hoffnungslos überfordert mit dieser Aufgabe und steht vor dem Dilemma, daß die Bestrafung der Täter eine Konfliktlösung in Côte d'Ivoire erschweren würde, dessen Bürgerkriegsparteien bei ihren Friedensgesprächen in Lomé Straffreiheit vereinbart haben.

Verfluchtes Land Sudan

Bericht aus dem Epizentrum des Hungers
in Bahr El Ghazal

„Nimm genug zu essen mit", sagte mir ein wohlmeinender Freund vor der Abreise in den Sudan, „und paß gut auf dich auf!" Zumindest der erste Rat schien überflüssig zu sein, denn im UNICEF-Camp von Lokichokio, Ausgangspunkt aller Hilfsflüge in den Südsudan, gibt es überreichlich zu essen. NOW IS THE TIME TO WASH YOUR HANDS, steht am Eingang zur Messe neben einem Computerausdruck mit dem Tagesmenü. *Lunch*: Gazpacho, Salat, kalter Braten, Irish Stew, Tempura, Ugali mit Ziegenbraten, Reis, Käseplatte, Karamelpudding. *Dinner*: Soupe St. Germain, Texanisches Hähnchen, Crêpes mit Zwiebeln, Pilzen und Auberginen, Kokoskuchen, Zitronenmousse. Kein Wunder, daß die UN-Bürokraten, die tagsüber vor ihren Monitoren und abends an der Bar sitzen, durch Jogging überflüssige Pfunde abspecken müssen. Aber der Anschein blitzblanker Hygiene täuscht: Die Hitze brütet Bakterien aus, Magen- und Darmerkrankungen sind an der Tagesordnung, Moskitos übertragen Malaria, und zum Schutz vor Schlangen und Skorpionen sind feste Stiefel angesagt.

„Du fühlst dich, als wärest du hundert Jahre alt, liegst im Bett und kommst nicht mehr hoch", sagt Jeremy Newall, 40, genannt Jez, Logistikexperte des britischen Hilfsdienstes *Oxfam*, der eine Amöbenruhr mit Schüttelfrost, Durchfall und Erbrechen von seinem Einsatz im Südsudan mitgebracht hat und sich seit Tagen nur noch von Tee und Biskuits ernährt.

Wir sitzen an der Bar des UNICEF-Compounds und sehen den Aasvögeln zu, die krächzend von Tisch zu Tisch flattern und die Reste der Mahlzeiten von den Tellern picken: Riesige, blauschwarze Krähen, denen Jez nicht allein in der Wüste begegnen möchte.

„Meine Arbeit besteht vor allem im Berichteschreiben", erläutert er, während der Kellner Geschirr abräumt, „im Einschätzen, Planen, Implementieren, Evaluieren und Re-Evaluieren von Hilfsprojekten im Südsudan. *Rescue and Relief* – man kann auch Rock 'n' Roll dazu sagen!"

Das an der Nordgrenze Kenias gelegene Camp an den Mogila-Bergen ist eine Mischung aus Zeltlager, Containerdorf und Flugzeug-Verschiebebahnhof, auf dessen Piste Transportmaschinen vom Typ *Herkules* und *Buffalo* im Fünfminutentakt landen und starten, um Lebensmittel für eine Million Hungernde in den Südsudan zu fliegen – die größte Hilfsaktion seit der Berliner Luftbrücke. Eine Neuauflage der Operation *Desert Storm*, wenn man so will, und wie diese logistisch perfekt organisiert, nur daß die Bedürftigen statt mit Tomahawk-Raketen und Cruise-Missiles mit Maissäcken bombardiert werden. Ich frage Jeff Barthel, Liaison Officer des *World Food Program* (WFP) in Lokichokio, ob die vom Himmel herabfallende Nahrung noch niemanden getötet oder verletzt habe. „Ein Maissack traf eine Reporterin, die den Abwurf aus der Nähe fotografieren wollte, am Bein, das daraufhin amputiert werde mußte", sagt Jeff Barthel; er selbst wurde kürzlich nach Nairobi ausgeflogen, um am Blinddarm operiert zu werden, und sieht, wie alle, die länger als sechs Wochen hier sind, blaß und mitgenommen aus; nur die Neuankömmlinge wirken frisch und ausgeruht.

Das mit Stacheldraht umzäunte Camp ist *off limits* für die ortsansässige Bevölkerung: Flüchtlinge aus Somalia und Turkana-Nomaden, deren mit Perlenschnüren geschmückte Frauen stundenlang vor dem Lagertor Schlange stehen, um ihre Kalebassen mit Wasser zu füllen, während die Männer das Vieh hüten. Obwohl die UNICEF, der das Lager untersteht, die Anwohner einbeziehen will, sind diese nicht einmal als Wach- oder Putzpersonal willkommen. Das Kochen, Geschirrspülen und

Wäschewaschen wird von einem aus Nairobi geheuerten Catering Service besorgt, der sonst Safaris für Touristen organisiert; nur das Bepflanzen der Beete zwischen den Bungalows wird den Einheimischen für anderthalb Dollar am Tag gnädig erlaubt. An ihrer Stelle hat sich ein anderes, noch bunteres Völkchen hier niedergelassen, dessen seltsames Treiben das der Turkana-Nomaden in den Schatten stellt: Nichtregierungsorganisationen – von CARE und CARITAS über die *Deutsche Welthungerhilfe*, den *Lutherischen Weltbund*, *World Vision* und das Rote Kreuz bis zu Exoten wie *Merlin*, *Mundri* oder *Amurt* (Ananda Marga Singh), eine humanitäre Organisation aus Kalkutta, für die in den dortigen Slums, wie man meinen könnte, genug zu tun wäre. Oder geht es weniger um praktische Arbeit als darum, Flagge zu zeigen und symbolisch präsent zu sein?

„Die Hilfsindustrie ist ein Industriezweig wie jeder andere", erklärt Karl Weis, Koordinator der Welthungerhilfe für den Sudan, der mir unter bunten Postern mit der Aufschrift MAJI (Wasser) und ELIMU (Bildung) gegenübersitzt:

> „Der Konkurrenzkampf um Spenden ist gnadenlos und wird mit harten Bandagen ausgefochten. Aus der Sicht des Fernsehkonsumenten ist die humanitäre Hilfe ein Automat, in den Geld gesteckt wird, damit der Zuschauer keine Bilder von hungernden Kindern mehr anschauen muß. Es geht um flächendeckende Abfütterung – nicht um Hilfe zur Selbsthilfe, Anknüpfung an lokale Traditionen oder ähnliches. Die Menschen im Südsudan werden zu passiven Objekten degradiert; niemand interessiert sich wirklich für sie, außer Schwestern und Ärzten vor Ort, die damit notorisch überfordert sind. Eine gigantische Maschinerie kommt zum Einsatz, bei der jeder einzelne nur als kleines Rädchen fungiert und keine Fragen nach dem Sinn des Ganzen mehr stellt, wie zum Beispiel, ob die Verteilung von Lebensmitteln nicht Wirtschaftskreisläufe zerstört und neue Abhängigkeiten schafft. Und ganz nebenbei wird, wie einst im Kolonialismus, die Überlegenheit des weißen Mannes

demonstriert. Doch vermutlich ist dies der einzig gangbare Weg, ein Massensterben zu verhindern. *Aber ich rede mich um Kopf und Kragen, und Sie schreiben jedes Wort mit!"*

Karl Weis berichtet, wie ein Land Cruiser der Welthungerhilfe kürzlich am Grenzübergang vom Sudan nach Kenia gestoppt und von der SRRA (*Sudanese Rescue and Relief Agency*), dem „humanitären Arm" der SPLA (*Sudanese People Liberation Army*), konfisziert worden ist. Weis mußte eigens aus Nairobi anreisen und wurde von Bewaffneten umstellt, die damit drohten, seinen Fahrer zu erschießen, weil der ein Fossilienschmuggler sei. Zusätzlich zu dem Fahrzeug verlangten sie fünf Funkgeräte und hundert Fässer Dieselöl. Nach zeitraubenden Verhandlungen wurde die Zahl der Fässer auf zehn reduziert und das Auto der SRRA überschrieben „zur Implementierung des Programms der Welthungerhilfe". Seitdem fährt es unter der Flagge der SPLA, deren Anführer, John Garang, angeblich die Rückgabe des Wagens versprach.

18 Uhr 30: Information zur Sicherheitslage unter Kameldornbäumen vor dem WFP-Compound. Ein Mitarbeiter ist mit akuter Malaria nach Nairobi ausgeflogen worden, sonst keine besonderen Vorkommnisse. Der für Sicherheitsfragen zuständige britische Offizier begrüßt die Experten der belgischen Luftwaffe, die die Flugkontrolle übernehmen sollen, und macht sie mit dem Reglement an der Bar bekannt: Wer lange Hosen trägt, muß heute ein Bier ausgeben, morgen sind die Träger kurzer Hosen dran. Das Wichtigste teilt er mir im Flüsterton mit: Sein Kollege Bill Simpson, Ex-Fallschirmjäger, hat sich in Walgak bei Waat im Austausch für zwei entführte WFP-Leute den Kidnappern als Geisel angeboten. Das WFP-Team sei wieder auf freiem Fuß, das Ganze halb so schlimm: Es gehe nur noch um die Höhe des Bestechungsgelds in Form von Nahrungsmitteln, die über Walgak abgeworfen werden sollten. Die dortige Bevölkerung sei unzufrieden, weil ihr Dorf beim letzten Air-Drop leer ausgegangen ist. Die Lieferung von Lebensmitteln werde durch sintflutartigen Regen erschwert, der Straßen und Wege unpassierbar mache.

Anflug auf Billing im Südsudan. Unter uns kreisen Geier. In der Hitze brütendes Brachland, von Wasserläufen durchzogen; nach dem Regen ist die Savanne grün. Rundhütten mit geflochtenen Dächern, die wie verrutschte Afro-Frisuren aussehen. Am Rand der Piste stehen nackte Kinder mit aufgetriebenen Bäuchen neben Hirten vom Volk der Dinka und werfen begehrliche Blicke auf die Maissäcke, die aus dem Laderaum der Buffalo gehievt werden. Nach einer Schrecksekunde – vielleicht war niemand über unser Kommen informiert – kurvt ein Landrover über das Rollfeld und nimmt uns in Empfang. Kate, die örtliche Oxfam-Mitarbeiterin, fliegt nach Lokichokio zurück, während ich mit Charlotte aus New York in den Wagen steige. Kurzer Halt in Billing: ein halbes Dutzend Hütten, gruppiert um einen Unterstand, der vor Bombenabwürfen der sudanesischen Luftwaffe Schutz bieten soll. Ein aus Kenia entsandter Arzt schiebt sein Fahrrad vorbei, das, wie anderswo ein Auto, hierzulande ein Statussymbol ist.

Fahrt durch tropischen Sekundärwald, der die von Einwohnern verlassenen Dörfer überwuchert. Links und rechts der Piste mannshohe Sorgumfelder, aber die Gegend wirkt menschenleer, nur ein Jäger mit Pfeil und Bogen und ein nackter Mann winken uns vom Wegrand zu. Eine halbe Stunde später sitzt unser Landrover in einem Schlammloch fest. Dem Chauffeur Ibrahim, einem jungen Dinka, steht Schweiß auf der Stirn, doch mit jeder Umdrehung wühlen sich die Reifen tiefer in den Boden. Zwei Männer, die Maissäcke auf ihren Fahrrädern transportieren, legen Hand mit an und schaufeln, durchs Wasser watend, die Räder frei, aber der Wagen bewegt sich keinen Zoll. Ein mit italienischen Ärzten bemannter Jeep kommt uns zu Hilfe und zieht den Landrover mit seiner Seilwinde aus dem Sumpf.

Auf der Weiterfahrt nach Rumbek halten wir an einem Dinka-Cattle-Camp. Ich fühle mich nach Texas versetzt oder in den Sertão Nordostbrasiliens, an dessen karge Landschaft der Südsudan erinnert: Tausende von blökenden Kälbern, muhenden Kühen und brüllenden Stieren, Buckelrinder mit geschwungenen Hörnern, bewacht von biblisch anmutenden Hirten, die, auf Krummstäbe gestützt, regungslos auf einem Bein stehen, während wie Frauen geschminkte Krieger mit Keulen, Speeren und winzige Hockern in der Hand vor jungen Mädchen paradieren, die nur mit Perlenschnüren und Messingringen bekleidet sind: Lachende, verschwitzte Gesichter, Kuhfladen, Staub, Gedränge und Gestank. Nur die Anwesenheit der mit Kalaschnikows bewaffneten Soldaten, die das Cattle Camp vor Überfällen durch Viehdiebe schützen, deutet darauf hin, daß die traditionelle Lebensweise der Dinka-Nomaden infolge von Dürre und Krieg vom Untergang bedroht ist.

Die Ortseinfahrt nach Rumbek wird von ausgebrannten Panzern flankiert. An einer Straßenkreuzung steht ein zerschossener Traktor, neben einem mit Holz und Wellblech befestigten Laufgraben, in dem Unkraut wächst. Der Boden ist übersät mit großkalibriger Munition, Spuren der letzten Kämpfe, als Rumbek nach kurzem, blutigem Gefecht von der SPLA erobert wurde. Die 600 hier stationierten Soldaten aus dem Nordsudan, im Volksmund Araber genannt, sollen sich in die von Regierungstruppen gehaltenen Städte Bor und Juba abgesetzt haben. Rumbek, zur britischen Kolonialzeit Sitz eines *District Commissioner,* mit baumbeschatteten Alleen, Kirchen und Moscheen, ist heute eine Geisterstadt. Straßen und Plätze sind menschenleer, in den Räumen der früheren Staatsbank grasen Kühe, und die zerstörten Häuser sind mit arabischen Graffiti, die zum heiligen Krieg aufrufen, und mit Einschußlöchern übersät. Nur zögernd kehrt die nach dem Einmarsch der sudanesischen Armee in den Busch geflohene Bevölkerung in die Ruinenstadt zurück.

Wie in allen von der SPLA befreiten Gebieten des Südsudan gibt es zwei Träger staatlicher Autorität: Die militärische, erkennbar an der umgehängten Kalaschnikow, und die zivile Gewalt, deren Symbol ein ans Revers gehefteter Kugelschreiber ist. Die Arroganz der Macht zeigt sich an ihren Accessoires: Im Unterschied zur hungernden Bevölkerung und zu den nackt herumlaufenden Vertriebenen sind die Militär- und Zivilbeamten gut gekleidet und wohlgenährt; sie tragen Schuhe – im Südsudan eine Seltenheit! – und fahren auf *Phoenix*-Fahrrädern aus chinesischer Produktion herum. Vor dem örtlichen Büro der SRRA ist ein Acht-Punkte-Plan angeschlagen, der die Aufgaben der Behörden so definiert: 1. Aufrechterhaltung der Disziplin; 2. Reinigung von Militär- und Zivilobjekten; 3. Sicherung der Flugpiste; 4. Schutz hochrangiger Persönlichkeiten; 5. Festnahme von Deserteuren; 6. Einschreiten gegen Alkoholmißbrauch; 7. Überprüfung der Marschorder von Offizieren und Soldaten; 8. Dingfestmachen von Spionen, Plünderern und Unruhestiftern.

Ähnlich wie bei den Roten Khmer in Kambodscha, wo der Mann mit dem Kugelschreiber über Leben und Tod entschied, führen die Rebellen penibel über alles Buch. Journalisten werden namentlich registriert und bekommen als Dolmetscher getarnte Aufpasser zugewiesen, die Kontakte zu den Einheimischen nicht erleichtern, sondern erschweren – statt Fragen zu übersetzen, beantworten sie diese lieber selbst.

Das Elend, das mir beim Rundgang durch Rumbek auf Schritt und Tritt entgegenschlägt, übersteigt die Vorstellungskraft. 12.000 Einwohnern stehen 13.000 Vertriebene gegenüber, die nach Hungermärschen durch den Busch zu Tode erschöpft eintreffen, barfuß, in Lumpen gehüllt oder ganz nackt; viele Männer tragen Frauenröcke, weil es keine andere Kleidung gibt. Und obwohl mehrere Hilfsdienste vor Ort präsent sind –

Lutherischer Weltbund, Oxfam und IRC (*International Rescue Committee*) –, gibt niemand Kleider oder Decken an die notleidende Bevölkerung aus. Wirtschaft und Verkehr sind ganz zum Erliegen gekommen; die Straßen sind vermint, und es fehlt an Waren wie an Geld. Der kenianische Schilling dient als Zweitwährung, da sudanesisches Geld kaum noch aufzutreiben ist. Auf dem Markt werden Wildpflanzen verkauft: Palmnüsse, Blätter und Wurzeln, mit deren Hilfe die Dinka Dürreperioden überstehen. Aber im Frühjahr blieb die Regenzeit aus, das Saatgut wurde verfüttert, statt gepflanzt, und die Lebensgrundlage der Nomaden, das Vieh, notgeschlachtet. Normalerweise ernähren sich die Dinka von Kuhmilch und Hirse; Fleisch ist für Festtage reserviert und bekommt ihnen nicht gut. Aber die Wildpflanzen sind abgeerntet, und traditionelle Ausweichstrategien helfen nicht weiter. Ein Kilo Rindfleisch kostet auf dem Markt in Rumbek umgerechnet 80 Cent, weniger als Sorgum, das unbezahlbar geworden ist, ganz zu schweigen von Luxusgütern wie Zucker und Salz, Rasierklingen oder etwa Tabak, der in Koransuren eingerollt feilgeboten wird.

„Bring mir was Schönes aus Deutschland mit", sagt Joseph Dutakol, 45, der *Sanitäter für Umwelthygiene* als Beruf angibt, und vertreibt mit einem Palmzweig einen Schwarm Fliegen, der eine blutige Rinderhälfte umsummt: „Am liebsten ein Paar Schuhe, Hosen oder ein Hemd. Aber es darf auch ein Transistorradio sein!"

Viele der Elendsgestalten, die uns zwischen den verfallenen Hütten entgegenkommen, sind verkrüppelt oder blind. Sie leiden an durch Vitaminmangel verursachten Augenkrankheiten oder an Flußblindheit, die durch winzige Mücken übertragen wird. Ihre Nahrung besteht aus Wurzelknollen und zu Spinat zerkochten Kassavablättern, die das Hungergefühl nur betäuben, aber nicht sättigen. Als wir zum Dorfplatz zurückkehren – Stadtzentrum klingt zu hochtrabend –, haben sich hungernde Menschen vor dem örtlichen Büro der SRRA zu einer Demonstration versammelt, zumeist Alte mit schwärenden Wunden und gichtgeschwollenen Gelenken. Ihre Arme und Beine sind dürrer als die Krücken, auf die sie sich beim Gehen stützen. Auch Kinder sind dabei, unter ihnen ein nackter Junge mit aufgeblähtem Bauch, dem ein zahmes Äffchen den Rotz von der Nase leckt. Das Anliegen der Leute ist nicht ganz klar: Handelt es sich um spontanen Protest, mit dem der *District Commissioner* der SRRA zur Herausgabe von Lebensmitteln veranlaßt werden soll? Oder um eine bestellte Demonstration zur Einschüchterung des Expertenteams, das die Unterschlagung von Hilfsgütern durch Militär- und Zivilbehörden prüfen soll?

Die Gesten sprechen eine deutliche Sprache: „Ich habe Hunger", sagt ein bärtiger alter Mann, der den Arm in einer Schlinge trägt. „Vor vier Wochen habe ich zum letzten Mal etwas Warmes zu essen bekommen, und ich halte es nicht länger aus." Sein Atem geht rasselnd, und er spuckt blutigen Schleim. „We are dying of hunger", rufen die Alten im Chor und umdrängen mich, als könne ich Abhilfe schaffen.

Ich frage meinen Dolmetscher, warum kein Essen ausgeteilt wird – schließlich liegen Tonnen von Mais in den Depots der Hilfsorganisationen bereit. Er zuckt die Achseln, als sei das Ganze nicht sein Problem. „Wir kennen diese Leute, sie lungern ständig hier herum", sagt District Commissioner Paul Mayom und schließt die Tür seines Büros hinter sich. „Das Ganze ist nur eine Routineangelegenheit, am besten kümmern Sie sich nicht darum. – Sie kommen aus Berlin", fährt er fort und streicht über seine frisch gebügelte Khakiuniform, die sich über die Wölbung seines Bauches spannt. „Steht die Mauer noch, oder reißt man sie demnächst ab?"

Am nächsten Morgen besichtige ich ein *Feeding Center* für Mütter mit unterernährten Kindern, das von der britischen Hilfsorganisation Oxfam betrieben wird. „Wir haben zwei Kategorien von Patienten", sagt Schwester Judith aus Kenia, während sie ein Kind auf die Waage legt und anschließend dessen Körpergröße mißt. „Kinder unter 70 Prozent Normalgewicht kommen auf die Intensivstation, wo sie fünfmal am Tag mit Vitaminen angereicherter Milch bekommen. Sobald ihr Körpergewicht 80 Prozent erreicht, beginnt Phase zwei mit therapeutischer Ernährung, bestehend aus *Unimix*-Brei. Danach sind die Kinder aus dem Schlimmsten heraus, aber ein paar Wochen später sind sie erneut untergewichtig und stehen schon wieder vor unserer Tür. Ganz zu schweigen von Babys wie diesem hier, das zu entkräftet ist, um Nahrung aufzunehmen."

Sie zeigt auf einen zum Skelett abgemagerten Säugling, dessen Ärmchen dünn und zerbrechlich wie japanische Eßstäbchen sind; unter der durchsichtigen Kopfhaut zeichnen sich die Adern ab, und Fliegen kriechen in die Nasenlöcher und den offenen Mund hinein. Schwester Judith meint, das Kind habe schlechte Überlebenschancen, weil seine Bezugsperson, eine apathisch wirkende Frau, keine mütterlichen Gefühlsregungen zeige. „Vielleicht ist es nicht ihr Baby, und sie gibt sich als Mutter aus, um an Essen heranzukommen!"

Nicht nur aus sprachlichen Gründen ist es schwer, mit den Vertriebenen ins Gespräch zu kommen. Ihre einsilbigen Auskünfte beschränken sich auf das Allernotwendigste wie Name, Alter und Herkunftsort: Ajuk Mapuor, 25, aus Malekayam, lief, um ihr verhungerndes Kind zu retten, zwei Tage lang durch den Busch, ihr Mann kehrte von der Nahrungssuche nicht zurück. Majok, dessen Frau an Malaria starb, floh mit seinem zwei Monate alten Sohn Magang vor der Armee und den Reiterhorden aus dem Nordsudan, die entlang der Bahnstrecke nach Wau regelrechte Menschenjagden veranstalten – verschleppte Frauen und Kinder werden in Khartum als Sklaven verkauft.

Aber es gibt auch Positives zu berichten: Väter und Mütter mit unterernährten Kindern, die von Oxfam hochgepäppelt worden sind, klatschen rhythmisch in die Hände und stimmen im Chor ein Dankeslied an. Beim Verlassen des *Feeding Centers* stehen mir Tränen in den Augen, aber das Hilfsprojekt ist nur eine Insel in einem Ozean von Leid, und kleine Kinder sind telegen, während die hungernden Alten durch die Raster der humanitären Organisationen fallen – keiner ist zuständig für sie.

Auf der anderen Straßenseite liegt ein in einer Autowerkstatt untergebrachtes Hospital. Ich steige über Haufen von Lumpen hinweg, die sich erst bei genauem Hinsehen als menschliche Wesen entpuppen: Kinder und Greise, die nur noch aus Haut und Knochen bestehen und auf dem staubigen Zementboden eingeschlafen sind. An der Wand ungelenke Graffiti: GOTT DER ALLMÄCHTIGE GAB UNS UNSER VON FEINDEN BESETZTES LAND ZURÜCK. Daneben das grob gestrichelte Bild einer nackten Frau, die von Soldaten vergewaltigt wird.

In der Nacht fängt es an zu regnen, und als ich frühmorgens aus dem Zelt trete, stecke ich bis zu den Knöcheln im Schlamm. Auf der überschwemmten Piste ist eine *Antonow 28* gelandet, aber der Abflug aus Rumbek gestaltet sich schwieriger als erwartet. Wir fegen mit Palmzweigen das Wasser von der Rollbahn. Anschließend schaufeln wir die in den Schlamm eingesunkenen Räder frei und schieben das Flugzeug mit vereinten Kräften zur Startposition. „This is an emergency takeoff", sagt der amerikanische Pilot, der zum ersten Mal am Steuer der aus Kiew eingeflogenen Maschine sitzt, während die *Antonow 28* über Baumwipfel hinwegdonnert und langsam an Höhe gewinnt.

Nach der Landung in Lokichokio ist mir speiübel, ich habe Durchfall, Schüttelfrost und Fieber und muß mich im Sanitätszelt verarzten lassen, um wieder auf die Beine zu kommen.

Gespräch mit dem diplomatischen Vermittler Philippe Borel, der mit einer hochrangigen UN-Delegation Lokichokio besucht und im Auftrag der Vereinten Nationen zwischen Nord- und Südsudan Frieden stiften soll. „Dieses Land ist eine Schweinerei", sagt der aus Khartum eingeflogene Franzose und schüttet Ketchup auf seine Pommes frites, „obwohl es keine

Schweine hier gibt, Rinder dafür um so mehr. Das Vieh ist wohlgenährt, und die Menschen verhungern. Hunderttausend Tote weniger oder mehr sind für die Regierung in Khartum und die Rebellen im Südsudan kein Problem; der Hunger ist eine politische Waffe, die von allen Parteien eingesetzt wird. Ich war vor kurzem in Wau, einer der letzten Bastionen der Regierungsarmee, und habe die Einwohner auf den Straßen krepieren sehen, ein fürchterlicher Anblick, ganz zu schweigen vom Geruch... Menschenleben sind hierzulande nichts wert, Viehraub und Sklavenhandel haben Tradition, und das Embargo gegen Khartum hat Sudan politisch isoliert und wirtschaftlich ruiniert. Die SPLA wird vom Westen aufgerüstet, weil die Rebellen englisch sprechen und sich Christen nennen, aber der Bevölkerung gegenüber verhalten sie sich äußerst unchristlich. Sie treten die Menschenrechte mit Füßen, und die humanitäre Hilfe lindert zwar die Symptome, aber trägt nichts bei zur Lösung des Konflikts. Die einzige Hoffnung ist, daß keine Seite den Krieg gewinnen kann. Die Teilung des Landes wäre keine realistische Option: Der Süden würde Kenia zugeschlagen, der Norden dem fundamentalistischen Islam, woran niemand gelegen sein kann. Frieden zu schaffen ist ein langwieriger Prozeß, der mit vertrauensbildenden Maßnahmen und der Rückbesinnung auf gemeinsame Werte beginnt, aber davon sind wir weit entfernt. Ich weiß, wovon ich rede, denn ich war als Friedensvermittler in Kambodscha und Vietnam, Algerien und Afghanistan!"

Später, am gleichen Tag. Ich sitze im Cockpit einer Herkules B 130, die von einem Piloten aus den Philippinen gesteuert wird. Die Maschine hat 16.200 Kilo Mais geladen, in 18 Paletten mit je 18 Säcken verpackt, die am markierten Zielort Adior bei Yirol aus der Luft abgeworfen werden sollen. In 6000 Meter Höhe überfliegen wir den Weißen Nil, der von oben lehmbraun aussieht. Beim Abstieg auf tausend Meter stülpt sich mir der Magen um. Die Wolkendecke reißt auf, Tümpel, überschwemmte Wege, Rundhütten, vor denen Brennholz liegt. Kein Mensch ist zu sehen. Der Copilot gibt mir mit erhobenem Daumen ein Zeichen, und ich taste mich an verschnürten Paletten entlang in den Laderaum. Ich werde mit Gurten festgeschnallt, die Ladeluke klappt auf, der Pilot zieht die Maschine hoch, und neun Paletten mit 8.100 Kilo Mais gleiten wie auf einer Rutschbahn an mir vorbei. Die Säcke entflechten sich in der Luft und schlagen Sekunden später auf dem mit einem Zielkreuz markierten Boden auf. Der Sog ist gewaltig, und kaum habe ich mich vom ersten Schock erholt, setzt die Maschine erneut zum Sturzflug an, und die zweite Hälfte der Ladung saust in einer Staubwolke in die Tiefe.

„Was für ein schöner Tod", sage ich mir, „man braucht nur den Sicherheitsgurt auszuklinken und ist alle Sorgen los!" Jetzt sind auch Menschen zu sehen, die um die Hütten herumwimmeln und von oben wie Ameisen wirken – ein passendes Bild für die Perspektive der so genannten Geberstaaten, aus deren Sicht die Hungernden ein Insektenvolk sind. Und ich frage mich, wie entkräftete Menschen zentnerschwere Lasten schleppen sollen, ob es genug Transportmittel und Lagerkapazitäten gibt – Fragen, die sich am nächsten Tag, nach der Ankunft in Bararud, von selbst beantworten.

Bararud liegt in der zwischen Regierung und Rebellen umkämpften Provinz Bahr El Ghazal, wo die Sterberate am höchsten ist. Die belgische Sektion der *Médecins sans frontières* (MSF) hat hier ein *Feeding Center* eingerichtet, aber statt europäischer Ärzte treffe ich eine Krankenschwester aus Dallas, die sich um kranke und unterernährte Kinder kümmert, einen schottischen Brunnenbauer, der im Auftrag von Oxfam nach Wasser bohrt, und einen völlig erschöpften Engländer, der einem Hund namens Romeo beizubringen versucht, wie man Frisbee-Scheiben fängt. Lisabeth, Hugh und Patrick – so heißen die drei – werden von Helfern aus Kenia unterstützt, und es dauert lange, bis ich mit ihren Lebens- und Arbeitsbedingungen vertraut geworden bin.

Bararud ist ein in jeder Hinsicht extremer Ort, und das MSF-Compound sieht aus wie die Kulisse zu einem *Tarzan*-Film: ein von Palisaden umzäunter Kral mit mehreren Hütten und einem Erdbunker. Einziger Luxus ist ein mit Kerosin betriebener Kühlschrank und ein Sprechfunkgerät, das Patrick Kelly ständig bewacht, während er, scheinbar geistesabwesend, seine Frisbee-Scheiben wirft. Früh um sieben quakt eine Stimme aus dem Funkgerät, Patrick springt auf und rennt, gefolgt von Sankei Keton aus Kenia, zur Abwurfstelle für Lebensmittel, wo in wenigen Minuten der nächste Air-Drop erwartet wird. Hektische Aufregung, Geschrei. Das Gelände wird von Soldaten abgeriegelt. Polizisten schlagen mit Stöcken auf die Hungernden ein, die zu dem mit Plastikplanen markierten Zielgebiet hasten, um als erste an der Abwurfstelle zu sein und die aus geplatzten Säcken rieselnden Maiskörner vom Boden zu klauben – trotz der Gefahr, von einer vom Himmel fallenden Palette getroffen zu werden.

Diesmal läuft zunächst alles gut. Zur vorgesehenen Zeit nähert sich Motorenlärm, ein Herkules-Transporter donnert in niedriger Höhe über unsere Köpfe hinweg, die Heckklappe öffnet sich, und mit weithin hörbarem Poltern landet die Ladung im Zielgebiet. Muskulöse Träger, die besser genährt sind als der Rest der Bevölkerung, schultern die Säcke und tragen sie mit monotonem Singsang zum vorbereiteten Sammelpunkt. Ich bitte Edward Nyiyero, den Sprecher der SRRA, mir den Text des Liedes zu übersetzen, das sie im Chor anstimmen. „Die Last ist schwer", sagt er lachend, „warum faßt keiner mit an? – Wer essen will, muß schwer tragen, oder: Warum schickt ihr uns immer nur Mais und kein Bier?"

Die Säcke werden gezählt, gestapelt und von bewaffneten Posten umstellt. Nach den Trägern stürmen die Hungernden auf das leere Feld und sammeln, auf den Knien durchs Gras rutschend, übriggebliebene Körner vom Boden auf. Beutel und Taschen werden mit Mais gefüllt, von dem eine Handvoll genügt, um eine Mahlzeit zu kochen, ein Blinder stopft sich die Körner roh in den Mund. Ich glaube mich in Dantes Inferno versetzt, aber dies ist nur die Vorhölle, denn beim nächsten Air-Drop gerät der sorgsam geplante Ablauf durcheinander, und die Hungrigen rennen noch vor den Trägern aufs Feld und reißen mit ihren Zähnen die Säcke auf, während Polizisten mit Knüppeln auf sie einschlagen.

Ich frage Patrick Kelly vom *World Food Program*, der für die ordnungsgemäße Verteilung der Nahrung zuständig ist, wie das Chaos zustandekommt. „Dies ist unser zehnter Abwurf in Bararud", sagt er kopfschüttelnd, „und die örtlichen Machthaber haben beschlossen, die Lebensmittel erst dann zu verteilen, wenn die letzte Lieferung angekommen ist. Bis dahin sind Hunderte von Menschen verreckt. Mir sind die Hände gebunden, denn ich bin zur Kooperation mit den örtlichen Behörden verdammt. Jetzt weißt du, was eine Hungerrevolte ist!" Patrick zeigt auf eine leprakranke Frau, die mit ihren verstümmelten Fingern vergeblich Körner aufzulesen versucht, während ein Hilfspolizist mit einem Kameldornzweig auf sie einprügelt.

Besuch im *Feeding Center*, wo nachmittags um fünf die letzte Mahlzeit ausgegeben wird. Es fängt an zu regnen, und Mütter mit unterernährten Babys ducken sich frierend unter den schmalen Dachvorsprung, um nicht durchnäßt zu werden. Zu Skeletten abgemagerte Kinder kriechen mit Spinnenbeinen auf dem Boden herum. Ein sechsjähriger Junge kauert im Schlamm, sein kleines Schwesterchen auf dem Schoß, das er mit nackten Armen vor dem Regen zu schützen versucht – der letzte Rest von Körperwärme wird geteilt. Hungernde Kinder lächeln mich an, sagen *yes* oder *hello* und zeigen mir ihre in Plastik eingeschweißten Ausweise und mit Nummern beschriftete Armbänder in der Hoffnung, ich sei ein Arzt oder humanitärer Helfer, der ihnen Essen gibt. Sie werden registriert, gewogen und für zu leicht befunden, aber die Prozedur dauert quälend lange, und für viele kommt die Hilfe zu spät.

„Abuk ist ein Waisenkind vom Volk der Luo", sagt Lisabeth List, die freiwillig aus Texas in den Südsudan gekommen ist, und deutet auf ein mageres Mädchen mit von Proteinmangel rötlich verfärbtem Haar, das gierig eine Plastikschale mit Milchpulver ausschleckt. „Abuk ist sieben Jahre alt und hat das Körpergewicht einer Zweijährigen, aber sie ist auf dem Weg der Besserung. Anders als das Baby hier, das die Nährlösung nicht schlucken kann und eigentlich am Tropf hängen müßte. Aber seine Venen sind für die Infusionsnadel zu klein." Sie zeigt auf einen zu Haut und Knochen geschrumpelten Säugling, der mechanisch an der schlaffen Brust seiner Mutter saugt. „Über Nacht werden viele Kinder sterben", fügt Lisabeth hinzu, während der Sanitäter einen Skorpion zertritt, der sich unter einer Kiste mit Milchpulver verkrochen hat, „aber die genaue Zahl der Toten erfahren wir erst, wenn die Statistik ausgewertet ist."

Die ganze Nacht hindurch regnet es, und ich wälze mich, von Alpträumen geplagt, ruhelos in meinem Zelt. Die abgehärmten Gesichter und die erloschenen Augen der Hungernden gehen mir nicht mehr aus dem Sinn. Die Zeit arbeitet gegen sie, das Wetter ebenfalls.

„Gestern hatte ich ein Erfolgserlebnis", sagt Hugh MacLennan, der schottische Brunnenbauer von Oxfam, am nächsten Tag. „Ich habe nach Grundwasser gebohrt und die kaputte Pumpe instandgesetzt – ab sofort gibt es sauberes Wasser im Überfluß!" – Soweit die gute Nachricht, der die schlechte auf dem Fuße folgt: „Die SPLA hat das Bohrloch abgeriegelt und verweigert Zivilisten den Zutritt, und die Leute trinken weiter die schmutzige Brühe aus einem verseuchten Wasserloch. Es ist zum Heulen, aber so sind die Verhältnisse hier!"

Postskriptum

Brüchiger Frieden

Die humanitären Katastrophen im Südsudan haben viele Ursachen: Überschwemmungen, Dürreperioden und Notzeiten zwischen Aussaat und Ernte, wenn die Nahrungsmittelreserven aufgebraucht sind, das Vieh verendet und die Menschen verhungern. Diesen circulus vitiosus *hat der jahrzehntelange Bürgerkrieg zwischen dem islamischen Norden und dem christlich-animistischen Süden noch verstärkt. Beide Kriegsparteien wurden während des Kalten Krieges abwechselnd von der UdSSR oder den USA unterstützt, die John Garangs südsudanesische Befreiungsarmee SPLA zum Bollwerk gegen das weitere Vordringen des Islam hochrüsteten. Viehdiebstahl und Sklavenhandel waren und sind hierzulande Teil der traditionellen Kultur, aber rituelle Stammeskriege wurden nicht mehr mit Pfeil und Bogen ausgefochten, sondern mit Granatwerfern und Kalaschnikows, wobei die Nuer auf Seiten des islamischen Nordens standen und die Dinka in den Reihen der „christlichen" SPLA. Beide sind Rindernomaden, deren Lebensgrundlage die Viehzucht ist, und beide Ethnien kennen bis heute nicht den Pflug – ihre auf dem Hackbau beruhende Landwirtschaft ist anfällig für saisonale Schwankungen und bringt nur geringen Ertrag.*

Hinzu kommt, daß Warlords wie der berüchtigte Kerubino Bol auf eigene Faust operierten und häufig die Fronten wechselten, um ungestörter plündern zu können. Die zum Schutz der Bahnlinie in den Süden entsandte Reitermiliz wurde von der Regierung in Khartum nicht entlohnt und hielt sich schadlos an der örtlichen Bevölkerung, die ihre Felder brachliegen ließ und vor dem Terror ins Landesinnere floh. Der Hunger war und ist ein ständiger Begleiter der Menschen im Südsudan, und der von der Operation Lifeline Sudan *(OPL) organisierte Abwurf von Lebensmitteln schuf nur vorübergehend Abhilfe und konnte die Ursachen des Konflikts nicht beseitigen.*

Unter dem Druck der internationalen Gemeinschaft, allen voran der USA, vereinbarte die Regierung in Khartum 2004 einen Waffenstillstand mit den Rebellen im Südsudan. Doch wie brüchig der Frieden war, zeigte sich, als SPLA-Führer John Garang kurz nach Unterzeichnung des Abkommens am 30. Juni 2005 bei einem Hubschrauberabsturz ums Leben kam – die Ursachen des Unglücks wurden nie geklärt. Als größter Flächenstaat Afrikas ist der Sudan weiterhin von separatistischen Tendenzen bedroht, die das islamistische Regime auf seine Weise bekämpft: Durch Entsendung von Reitermilizen, die in eigener Regie Krieg führen und niemand Rechenschaft schuldig sind. Im Westen des Landes, in der abtrünnigen Provinz Darfur, suchten und fanden die Freischärler ein neues Betätigungsfeld.

Bitte nicht ins Füllhorn tuten!

Warum Armutsbekämpfung keine Geldfrage ist

„*Live 8* – das bedeutet: Fünf Konzerte, einhundert Stars, eine Million Zuhörer, zwei Milliarden Fernsehzuschauer und eine einzige Botschaft: Öffentlichen Druck zu erzeugen, damit acht am gleichen Ort versammelte Politiker alles in ihrer Macht Stehende tun, um den Tod von 30.000 Kindern zu verhindern, die jeden Tag an den Folgen von Armut und Unterernährung sterben."

Mit solchen Superlativen skizziert der Musiker Bob Geldof sein Vorhaben, die am 6. Juli 2005 zum G-8 Gipfel nach Edinburgh anreisenden Staatschefs durch weltweite Mobilisierung zu zwingen, den ärmsten Ländern die Schulden zu erlassen, die Entwicklungshilfe substanziell aufzustocken und unfaire *terms of trade*, also Einfuhrbeschränkungen für Produkte der Dritten Welt, zu beseitigen. Wer diesem mit Verve vorgetragenen Programm seine Zustimmung verweigert, der ist entweder ein Beckmesser oder ein Schuft, denn die Rollen sind klar verteilt, und gegen das Charisma von Popstars, die zugleich Medienprofis sind, haben Berufspolitiker keine Chance. Auf der einen Seite die revolutionäre Ungeduld eines Rockers, der mit dem Ruf: *Enough is enough!* den gordischen Knoten der Politik zerschlägt und das Elend der Unterentwicklung mit einer heroischen Tat beenden will. Auf der anderen Seite verknöcherte Regierungschefs, Premierminister und Präsidenten, die nur das Wohlergehen ihrer Wähler im Auge haben oder, noch schlimmer, die Interessen der Industrie, die von der Ausbeutung der Dritten Welt profitiert und, ganz nebenbei, die Lebensgrundlagen unseres Planeten zerstört. Altruismus gegen Egoismus, Spontaneität gegen Bürokratie, radikaler Neuanfang gegen

Festhalten am Bestehenden: Die Alternative liegt auf der Hand, und der Appell, die versteinerten Verhältnisse zum Tanzen zu bringen, klingt noch unwiderstehlicher, wenn er von einem Musiker kommt, der sein Plädoyer für Armutsbekämpfung mit dem Bekenntnis zur Gewaltlosigkeit verknüpft.

Doch die Verhältnisse, sie sind nicht so, möchte man mit Brecht ausrufen. Wie verwickelt die Dinge in Wirklichkeit waren, erfuhr Bob Geldof am eigenen Leib, als er 1985 Äthiopien besuchte auf dem Höhepunkt einer durch Mißernten ausgelösten Hungersnot, die, verschärft durch den Krieg mit dem Nachbarn Somalia, mehr als eine Million Tote gefordert hatte. Statt Getreide in die Dürreregionen zu schicken, feierte der Diktator Mengistu den zehnten Jahrestag seiner Machtergreifung mit militärischem Pomp und machte westliche Geberländer, allen voran die USA, für das Elend der Hungernden verantwortlich, denen die mit Äthiopien verbündete UdSSR keinerlei Hilfsgüter schickte, während der Beitrag der DDR sich auf die Entsendung von Stasi-Kadern beschränkte. Die Fernsehbilder verhungernder Kinder hatten Bob Geldof so schockiert, daß er zusammen mit 38 Popstars den Song „Do they know it's Christmas?" aufnahm bei einem Fund-Raising-Konzert, dessen Erlös den Opfern der Hungersnot zugutekam. Dieses als *Live-Aid* bezeichnete Projekt setzte eine Serie weltweiter Fernsehauftritte in Gang, mit denen Geldof in Europa und Nordamerika hundert Millionen Dollar Hilfsgelder einspielte, die er persönlich in Addis Abeba überreichte.

„Bob Geldof war ein seltsamer Vogel", schreibt Dawit Wolde Giorgis, ein äthiopischer Diplomat, den Mengistu mit der Koordination der Hilfe beauftragt hatte: „Ich konnte nicht viel mit ihm anfangen, weil er weder Politiker noch humanitärer Helfer war. Bob war ein ungewöhnlicher Typ, ein irischer Prolet, der keine überkommenen Werte anerkannte, vulgär und voller Arroganz. Es war schwer, mit ihm zu reden, weil er zum Zynismus neigte; jedes zweite Wort aus seinem Mund war eine

Obszönität. Am ersten Weihnachtstag traf er in Addis Abeba ein, und Mutter Teresa ersparte mir eine Menge Ärger, indem sie ihn am Flughafen unter ihre Fittiche nahm und mäßigenden Einfluß auf ihn ausübte. Wir schickten ihn nach Lalibela, wo er in einer Felsenkirche aus dem 14. Jahrhundert die Weihnachtsmesse mitfeierte und anschließend die Nacht verbrachte. Auf diese Weise machten wir ihm klar, daß Äthiopien ein christliches Kulturland ist."

Was Bob Geldof nicht mitbekam und was seine Gastgeber ihm wohlweislich verschwiegen, war die Tatsache, daß die koptische Kirche wie andere Religionsgemeinschaften von Mengistus kommunistischem Regime gnadenlos verfolgt und blutig unterdrückt wurde. Auch Dawit Wolde Girogis, der äthiopische Diplomat, der neben Geldof und Mutter Teresa auch Edward Kennedy und Harry Belafonte betreut hatte, bangte um sein Leben und setzte sich ins Ausland ab.

Das alles ist zwanzig Jahre her, und man geht nicht fehl in der Annahme, daß Bob Geldof seinen Triumph, der Millionenbeträge einbrachte, unter veränderten Bedingungen wiederholen und, wenn möglich, übertreffen möchte. Dagegen ist nichts zu sagen, aber die jüngste Tsunami-Katastrophe hat drastisch vor Augen geführt, daß menschliches Leid sich nicht in Euro oder Dollar aufwiegen läßt und daß die humanitäre Hilfe kein Mechanismus ist, der Tod und Zerstörung zum Verschwinden bringt und den Horror von den Bildschirmen verbannt. „Wenn das Geld im Kasten klingt, die Seele in den Himmel springt!" Genauso argumentiert Bob Geldof, wenn er verspricht, das Elend der Dritten Welt gehöre ab morgen der Vergangenheit an, sofern die in Edinburgh tagenden Staatschefs sein Patentrezept übernehmen und die Entwicklungshilfe kräftig genug aufstocken. Das ist Populismus pur, denn das beispiellose Spendenaufkommen nach dem Tsunami hat gezeigt, daß Armutsbekämpfung *keine* Geldfrage ist und nicht nur von der Großzügigkeit der Geber, sondern auch von der Aufnahmekapazität der Empfängerländer abhängt und von deren Infrastruktur. Ganz zu schweigen von korrupten Regimes und Rebellen, die Hilfslieferungen konfiszieren und Geldströme auf ihre Konten umleiten, um Waffen zu kaufen, mit denen sie die Zivilbevölkerung terrorisieren. Das Beispiel der tamilischen Befreiungstiger oder der Separatisten in Indonesiens Aceh-Provinz beweist, daß selbst eine Jahrhundertflut Regierungen und Rebellen nicht dazu bringt, ihren Konflikt beizulegen: Erstere sind nicht bereit, ihre Souveränität an Hilfsdienste abzutreten, letztere wollen den Kampf nicht aufgeben zugunsten einer humanitären Intervention. Das Leiden der Zivilbevölkerung schert sie einen feuchten Dreck: Lieber lassen sie die Lebensmittel und Medikamente in Zolldepots und Flughafenhangars verrotten, als sie den Bedürftigen zukommen zu lassen, wenn es ums politische Prestige geht, denn hungernde Kinder gibt es in Sri Lanka und Indonesien wie Sand am Meer, Warlords und Demagogen dagegen sind dünn gesät.

Ich spreche nicht vom Indischen Ozean, könnte Bob Geldof erwidern, sondern von Afrika, dessen ausweglose Lage durch die Tsunami-Flut aus dem Blick geraten ist. In diesem Punkt hat der Musiker Recht, aber der von ihm geforderte Schuldenerlaß für die ärmsten Länder ist ein zweischneidiges Schwert, weil er diejenigen bestraft, die Haushaltsdisziplin üben und Kredite zurückzahlen, während er säumige Schuldner und korrupte Regimes belohnt – ganz zu schweigen von der Selbstbedienungsmentalität derer, die in die eigene Tasche wirtschaften. Gemeinwohl ist in Afrika ein unbekanntes Wort, ähnlich wie Konsens und Kompromiß, und anders als weiße Farmer oder europäische Kolonialherren haben die neuen Eliten kein schlechtes Gewissen dabei, ihre Mitbürger ebenso rücksichtslos auszuplündern wie die Ressourcen, selbst wenn dabei neben der natürlichen Umwelt auch der Mensch auf der Strecke bleibt. Als Folge dieser Fehlentwicklung sind heute in über einem Dutzend Länder fremde Truppen stationiert, UNO-Blauhelme, französische Soldaten und afrikanische Friedenstruppen, um brüchige Waffenstillstandsabkommen zu überwachen und Bürgerkriegsarmeen oder Stammesmilizen daran zu hindern, mit Granatwerfern, Kalaschnikows oder Macheten übereinander herzufallen: Angola, Burundi, Côte d'Ivoire, Darfur, Eritrea, Kongo, Liberia, Sierra Leone, Somalia, Südsudan, Westsahara, Zentralafrikanische Republik – die Aufzählung der Krisengebiete klingt endlos, und kaum ist ein Buschbrand gelöscht, lodert ein neuer auf.

Frieden zu schaffen mit oder ohne Waffen, kostet Geld, das bei der Armutsbekämpfung fehlt, und die internationale Ächtung des Waffenhandels ist ein frommer Wunsch, solange die Staatengemeinschaft sich nicht einmal auf ein Verbot von Landminen einigen kann. Als Faustregel gilt, daß bei humanitären Katastrophen in Afrika ein Drittel der Hilfsgüter in dunklen Kanälen versickert oder den Falschen zugutekommt. Anders als Bob Geldof kenne ich kein Patentrezept, mit dem alle Mißstände auf einen Schlag zu beheben wären. Aber ich weiß, daß das Ausleeren eines Füllhorns von Geld kein Problem löst, sondern neue Probleme schafft und Afrika in die Rolle des Bittstellers drängt, der an seinem Elend nichts ändern will oder kann und auch in Zukunft auf Almosen angewiesen bleibt.

Vor den Menschen sterben die Tiere

Darfur und kein Ende

„Darfur heißt Haus der Fur, so wie Daressalam Haus des Friedens heißt", sagt Omar, der Gärtner des *Novotel* in N'djamena, während er einen flügellahmen Adler mit blutigen Fleischstücken füttert. „Aber in Darfur geht es alles andere als friedlich zu. Dort werden schwarzafrikanische Bauern von arabischstämmigen Nomaden aus ihren Dörfern verjagt und fliehen über die Grenze nach Tschad, wo sie mit ihren Viehherden in der Wüste umherirren. Der Kampf um Weideplätze und Wasser nimmt immer rabiatere Formen an, und was derzeit in Westsudan geschieht, grenzt an Völkermord!"

Der Adler hüpft in den Schatten einer Bougainvillea-Hecke, unter die sich ein Antilopenjunges verkrochen hat, das dem Hotelkoch von Anwohnern gebracht worden ist; statt im Kochtopf zu enden, wird es mit Milchpulver hochgepäppelt. Adler und Antilope vertragen sich gut, aber der Gärtner Omar traut dem Frieden nicht. „Die Dschandschawid nennen sich Araber, aber sie sind keine. Es sind Banditen, die ungestraft morden, plündern und vergewaltigen – im Auftrag der sudanesischen Regierung, die angeblich von nichts weiß. – Im Osten des Tschad gibt es kein Wasser", fährt er fort, „und die Bewohner der Grenzregion müssen die knappen Ressourcen teilen mit Flüchtlingen aus Darfur. Die Zaghawa sind unsere Brüder, ähnlich wie Fur und Massalit, aber die Versorgung der Vertriebenen überfordert die internationale Gemeinschaft genauso wie die Regierung des Tschad!"

Vor Beginn der Regenzeit ist es extrem heiß in N'djamena. Mittags klettert das Thermometer auf über 40 Grad, und der hinter dem Hotel vorbeifließende Chari führt kaum noch Wasser. Die unter Naturschutz stehenden Nilpferde haben sich in feuchte Niederungen zurückgezogen. In Einbäumen und Pirogen setzen Passagiere über den Fluß; am westlichen Ufer liegt Kamerun, und die Anwohner nutzen das Preisgefälle aus – ein kleiner Grenzverkehr, der von den Behörden geduldet wird. Nicht nur Fahrräder und Mopeds wechseln die Besitzer: Wegen der dort herrschenden Korruption wird das Kameruner Abitur in Europa nicht anerkannt, und im Schutz der Dunkelheit waten junge Frauen über den Fluß, um in Tschad Abitur zu machen – so die offizielle Version. Einem ungeschriebenen Gesetz zufolge kommen Prostituierte stets aus dem Nachbarland, und in Nachtklubs und Bars geben die Kamerunerinnen sich ein Stelldichein mit im Tschad stationierten Entwicklungshelfern. Einer von ihnen ist Serge *Nummer eins*, ein Belgier, der in einer entlegenen Oase arbeitet, wo es weder Alkohol noch Frauen gibt; einmal im Monat fliegt er nach N'djamena, um Bier zu trinken und sich sexuell auszuleben. Meine Frage nach dem Aids-Risiko beantwortet Serge mit Hinweis auf einen Kollegen, der sich mit Gin Tonic vor der Infektionsgefahr schützt – aber das sei russisches Roulette. „Am besten gehst du eine feste Beziehung ein, aber auch das ist keine Lösung, wenn deine Freundin dich heiraten will und du zu Hause Frau und Kinder hast."

Serge *Nummer zwei* empfängt mich im Büro des Erzbischofs, der *Procure*. Der Jesuitenpater arbeitet seit 36 Jahren im Tschad und hat Kriege und Revolutionen genauso hautnah erlebt wie Heuschreckenplagen und Hungersnöte. „Die Sahelzone ist ein ökologisches Katastrophengebiet, und jeder menschliche Eingriff gefährdet das prekäre Gleichgewicht." Der Bürgerkrieg der 80er Jahre fiel zusammen mit extremer Dürre, die Menschen und Tiere dahinraffte. Die Lage war so verworren und unübersichtlich, daß die Polizei ihm das Verlassen der Haupstadt verbot: Zu seinem eigenen Schutz, denn der Polizeichef hatte seinem Sohn erlaubt, Reisende auszuplündern, und der Junge schoß so schlecht, daß er aus Versehen einen Touristen tötete. „Seien Sie vorsichtig", fährt Serge fort, nachdem er sich mit gelben Fingern eine Gitane angezündet hat – Nikotin ist sein einziges Laster, wie er sagt. Viehdiebstahl sei für Nomaden eine Ehrensache, Stammesfehden würden mit Waffengewalt ausgetragen, und unsichtbare Dritte mischten stets dabei mit: Allen voran die rivalisierenden Schutzmächte Frankreich und USA, aber auch Libyen und der Sudan. Dort hätten Zaghawa-Söldner den Aufstand geprobt mit Unterstützung der tschadischen Armee, nachdem sie vorher in der benachbarten Zentralafrikanischen Republik den Staatschef gestürzt und durch einen Präsident Idriss Déby genehmen Putschoffizier ersetzt hatten. „Seien Sie vorsichtig!"

Ortswechsel. „Was für eine Affenhitze – *che caldo, cazzo*", stöhnt Giovanni, ein italienischer Mitarbeiter der Ärzte ohne Grenzen, nach der Landung auf dem Rollfeld von Abéché, wo wir uns im schmalen Schatten des Flugzeugs drängen und vergeblich Ausschau halten nach einem Empfangskomitee. In letzter Minute hat ein aus Island stammender Logistikexperte mich auf die Passagierliste der kleinen *Beechcraft* gesetzt, die humanitäre Helfer ins sudanesische Grenzgebiet bringt. Es ist warm wie in einem Backofen, und außer zwei Repräsentanten des Welternährungsprogramms WFP, die nicht für uns zuständig sind, ist niemand in Sicht, während mit apokalyptischem Lärm ein Transportflugzeug aufsetzt, vor dessen glühendheißen Abgasen wir die Flucht ergreifen. Seit dem Grenzkrieg mit Libyen Ende der 70er Jahre sind französische Truppen in Abéché stationiert, einst eine blühende Oasenstadt, heute ein verkommenes Wüstenkaff ohne Elektrizität, Hotels und Restaurants. Auf der nach Urin stinkenden Rückseite des Basars wird brühwarmes Bier ausgeschenkt, und der einzige Kühlschrank der Stadt steht bei Père Joël, einem Ordensbruder von Pater Serge, der mir einen Imbiss anbietet und ein Bett für die Nacht.

„Anders als im Südsudan, wo Christen gegen Moslems kämpfen, ist der Konflikt in Darfur *nicht* religiös motiviert", sagt der Jesuit, der isolierte Christengemeinden entlang der 1500 Kilometer langen Grenze betreut, einer Wüstenregion, in der auch ohne Krieg das Überleben schwierig ist. 130.000 Flüchtlinge irren dort umher, von denen nur ein Drittel ordnungsgemäß registriert und in Lagern untergebracht ist. Hinzu kommen circa eine Million interne Vertriebene in Darfur, von denen bis zu 100.000 dem Terror sudanesischer Milizen zum Opfer gefallen sind, vergewaltigte Frauen und in die Sklaverei verschleppte Kinder nicht mitgerechnet.

Eine mit der Caritas verbundene Hilfsorganisation nimmt sich meiner an, und wir brechen zu den Flüchtlingslagern an der Grenze auf. Unser gemieteter Landrover ist vollgestopft mit Wasserflaschen und Biskuits, dazu eine mit Treibstoff gefüllte Tonne, die bei jeder Unebenheit an die Decke hüpft und mit Benzindunst die Sinne benebelt; noch dazu ist die Klimaanlage ausgefallen. Riesengroße Findlinge liegen wie Ostereier in der Savanne, in der es weder Straßen noch Tankstellen oder Geschäfte gibt, nur Reifenspuren, an denen unser Fahrer Issah sich ohne Wegweiser orientiert. Links und rechts Dornbüsche, an denen Ziegen knabbern, graue Erdhörnchen huschen blitzschnell über die Piste. In einem ausgetrockneten Flußbett weiden Pferde, Esel und Kamele, die Blätter von den Bäumen fressen und bei unserer Annäherung in Panik fliehen, von kläffenden Hunden verfolgt, die hechelnd hinter unserem Auto herlaufen. Die Vegetation wird spärlicher; ein schattenspendender Baum ist eine Seltenheit, jede Reifenpanne ein Risiko in dieser menschenfeindlichen Einöde ohne Weg und Steg. Die Sonne heizt den Boden auf wie eine Kochplatte, so daß man sich beim Gehen die Füße verbrennt; nachts wird es kühl, und auch die Regenzeit bringt keine Erleichterung, weil eine unter dem Sand liegende Tonschicht das Ablaufen des Wassers verhindert und die Pisten mit Schlamm überzieht, in dem die mit Hilfsgütern beladenen Lastwagen steckenbleiben.

Im löchrigen Schatten eines Kameldornbaums lagert eine Nomadenfamilie: Flüchtlinge aus Darfur, wie Issah meint, die den Einbruch der Dämmerung abwarten, um ihre Wanderung fortzusetzen im Schutz der Nacht, wenn Schlangen und Skorpione die Wege unsicher machen. Aus der Entfernung betrachtet, wirken die Nomadenfrauen in ihren leuchtend bunten Gewändern pittoresk; ein bärtiger Patriarch blickt, auf seinen Krummstab gestützt, dem in einer Staubwolke sich nähernden Auto entgegen, umringt von halbnackten Kindern, die Esel und Ziegen beaufsichtigen. Aber der idyllische Anblick täuscht: Erst aus der Nähe wird das Elend sichtbar, die aufgeblähten Bäuche der Kinder, in deren Nasenlöchern Fliegen herumkriechen, und ihr durch Unterernährung rot gefärbtes Haar. Noch haben diese Menschen ihre Würde nicht verloren, aber es ist nur noch eine Frage der Zeit, bis die humanitäre Katastrophe sie einholt und von selbst bestimmten Individuen zu passiven Fürsorgeempfängern macht.

Es sind immer dieselben Berichte von Überfällen, Plünderungen und Vergewaltigungen, die wir in den nächsten Tagen zu hören bekommen. Sudans Staatschef Baschir beantwortet den Aufstand in der von Khartum vernachlässigten Provinz Darfur mit einer Politik verbrannter Erde und ethnischer Säuberung à la Milosevic, und es bleibt abzuwarten, ob er sein feierliches Versprechen, die Menschenrechtsverletzungen zu beenden, in die Tat umsetzen wird – bislang sieht es nicht danach aus.

Farchana, Touloum, Guéréda, Tiné, Bahai: In den Flüchtlingslagern entlang der Grenze bietet sich überall das gleiche Bild, und je weiter wir nach Norden vorstoßen, desto schlimmer wird das Elend. Circa 10.000 Menschen hocken apathisch unter mit Plastiktüten behängten Dornbüschen, die keinen Schatten bieten, und warten Tage, Wochen oder Monate auf die Aufnahme ins Lager Touloum, wo 5000 Flüchtlinge in einer vom UN-Flüchtlingshilfswerk errichteten Zeltstadt hausen, vom Welternährungsprogramm und anderen Nichtregierungsorganisationen mit dem Lebensnotwendigsten versorgt. 400 Gramm Hirse, 50 Gramm Bohnen und mit Vitaminen angereicherter Mais beträgt die Zuteilung pro Tag und pro Person, dazu 20 Gramm zum Kochen benötigtes Speiseöl, das heute wegen eines Versorgungsengpasses entfällt. Noch dazu sind die Wasservorräte erschöpft, ein technischer Defekt hat die Pumpe lahmgelegt, und statt 15 Litern bekommt jede Familie nur 5 Liter Wasser zugeteilt. Trotzdem ist kein Klagen oder Murren zu hören, während junge Mütter mit Säuglingen, Großeltern mit Enkeln und ältere Geschwister mit Kleinkindern, deren Väter im Krieg verschollen sind, stundenlang in sengender Sonne Schlange stehen, um Wasserbehälter und Plastikplanen zum Bau von Notunterkünften entgegenzunehmen. Die Prozedur geht quälend langsam vonstatten: Jeder Neuankömmling wird von den tschadischen Behörden nach Namen, Alter und Herkunft registriert, um Mißbräuche zu vermeiden und die Flüchtlinge aus Darfur von den Einheimischen zu trennen.

Nur wer die bürokratischen Hürden überwunden hat, bekommt Hilfsgüter zugeteilt, alle übrigen kampieren unter freiem Himmel, in Sichtweite des Lagers, in das ständig Lastwagen ein- und ausfahren, beladen mit Lebensmitteln, von denen wenig oder gar nichts abfällt für die Hungernden. Nur im humanitären Jargon als „verwundbar“ bezeichnete schwangere Frauen, Kranke und Behinderte werden medizinisch versorgt und mit proteinhaltigen Keksen am Leben erhalten, während ganze Großfamilien, zusammengedrängt im Schatten einer Krüppelakazie, vergeblich um Hilfe bitten. Andere irren auf Nahrungssuche durch die Wüste, trinken Schmutzwasser aus Schlammlöchern oder Viehtränken und sammeln Wildfrüchte und Wurzeln, die Durchfall oder Erbrechen verursachen.

Nicht nur die Flüchtlinge aus Darfur, auch die humanitären Helfer sind am Rand des Nervenzusammenbruchs: Mary-Ann zum Beispiel, Oxfam-Mitarbeiterin aus Connecticut, liegt mit grauem Gesicht schwer atmend auf der Rückbank eines Pickup-Trucks und sagt, wenn es so weiter gehe, müsse sie sich unter die Vertriebenen einreihen, die vor dem mit rotem Halbmond gekennzeichneten Sanitätszelt Schlange stehen. Auf die Frage, was ihr fehle, winkt sie müde ab und murmelt: „Das Übliche", wobei unklar bleibt, ob sie Malaria oder Diarrhöe meint.

Noch hoffnungsloser ist die Lage im hundert Kilometer entfernten Tiné: Die baumlose Savanne ist, soweit das Auge reicht, mit Tierkadavern übersät, zwischen denen zu Skeletten abgemagerte Esel an Plastikabfällen nagen, bevor sie, von der Gluthitze ausgelaugt, verenden. Verwesungsgestank liegt in der Luft: Nicht nur die Menschen hier – selbst Geier und Coyoten verschmähen das Fleisch des gefallenen Viehs. Von Tiné aus begann Idriss Déby, der Präsident des Tschad, mit sudanesischer Hilfe seinen Siegeszug zur Eroberung der Macht, doch der Mullah der von Déby gestifteten, reich ausgestatteten Moschee rührt keinen Finger für seine Glaubensbrüder aus Darfur, obwohl der Staatschef das Land mit Hilfe des Zaghawa-Clans regiert.

„Jeden Tag verbrennen wir hundert Tierkadaver", sagt Camilo, ein kolumbianischer Arzt, der lange in Liberia stationiert war und allein im entlegenen Grenzort Bahai Tausende von Flüchtlingen versorgt, unter ihnen Zaghawa-Rebellen und verwundete Soldaten der sudanesischen Armee, denen er offiziell nicht helfen darf. „Aber ich drücke ein Auge zu und lasse fünf gerade sein." In der Trockenzeit sei die Seuchengefahr gering, aber mit Einsetzen der Regenzeit steige sie sprunghaft an. Schon jetzt habe die Sterberate sich verzehnfacht. Magen-Darm-Beschwerden und Tuberkulose seien die häufigsten Todesursachen, bedingt durch fehlende Hygiene und Mangelernährung. „Doch uns sind die Hände gebunden, denn wir haben weder Medikamente noch Lebensmittel – ganz zu schweigen von sauberem Wasser. Sehen Sie selbst!" Camilo zeigt auf eine junge Frau, die er am Vortag, völlig dehydriert, in der Wüste aufgelesen hat und die, fröstelnd unter einer dünnen Decke, im Schatten der Hauswand liegt. Sie heißt Fatima, ist hochschwanger und wird ihr Baby verlieren, meint der Arzt: Und es sei ungewiß, ob sie die nächsten Tage überlebt.

Postskriptum

Von der ethnischen Säuberung zum Völkermord

In Guéréda, an der Grenze zwischen Tschad und Sudan, empfing mich der Sultan des Zaghawa-Volks, dessen Aufstand gegen die Zentralregierung dem Regime in Khartum den Vorwand lieferte zur ethnischen Säuberung in Darfur: Deren traurige Bilanz hat sich seit meinem Besuch der Region auf 200.000 Tote und 400.000 Flüchtlinge verdoppelt. Der Sultan war nicht sehr gesprächig. Schon daß ich ihn nach seinem Namen fragte, ging ihm zu weit, und als ich wissen wollte, wie er den Krieg in Darfur einschätze, blickte er ratsuchend auf zwei gekreuzte Säbel und einen mit Koransuren beschriebenen Lederharnisch an der Wand und meinte, um mir ein Bild zu machen, müsse ich selbst nach Darfur fahren, obwohl er genau wußte, daß wegen des Krieges die Grenze geschlossen war. „Der Sultan hat Angst", sagte mein tschadischer Begleiter später, „weil er zwischen allen Stühlen sitzt – zwischen Regierungen, bewaffneten Rebellen und rivalisierenden Clans. Er weiß alles, aber er sagt nichts!"

Die geschilderte Situation wirft ein Schlaglicht auf die Schwierigkeit, afrikanische Stammeskonflikte zu verstehen oder gar zu befrieden. Solche Konflikte werden von den Betroffenen meist in Abrede gestellt, da niemand gern auf offenem Markt seine schmutzige Wäsche wäscht. Und weil das Wort Stamm *einen kolonialen Beiklang hat, erklären Gutmenschen in Europa sie für nichtexistent. Dabei gehört die Loyalität der meisten Afrikaner ihren Volksgruppen und Clans, und erst in zweiter Linie aus Kolonien hervorgegangenen Staaten, deren mit dem Lineal gezogene Grenzen traditionelle Siedlungsräume durchschneiden. Trotzdem sind ethnische Konflikte nicht naturgegeben, sondern werden von Warlords und Demagogen politisch mißbraucht.*

Auf Darfur angewandt bedeutet dies, daß der Krieg viele Väter hat. Kein Zweifel, das Regime in Khartum ist verantwortlich für die Greueltaten der Dschandschawid-Miliz, die Dörfer niederbrennt, Frauen vergewaltigt und Kinder versklavt, und im Weltsicherheitsrat wird Sudan zu Recht an den Pranger gestellt, wobei Rußland und China sich der Stimme enthalten, solange die sudanesische Regierung ihr Wohlverhalten mit Öllieferungen erkauft. Aber Tschads Präsident Idriss Déby, der mit Waffenhilfe und logistischer Unterstützung aus Khartum die Macht ergriff, ist ein zweifelhafter Freund und Verbündeter. Statt die Lebensbedingungen seines eigenen Volks zu verbessern, lenkte Déby die innere Unzufriedenheit auf äußere Feinde ab: Tschadische Söldner stürzten die Regierung im Nachbarland Zentralafrikanische Republik und schürten den Zaghawa-Aufstand in Sudans Westprovinz Darfur mit Waffen und Geld. Gleichzeitig versuchte Déby eine politische Gratwanderung zwischen Washington und Khartum, Paris und Tripolis, deren widerstreitende Interessen nicht miteinander kompatibel sind.

Am Ende brachte er alle Beteiligten gegen sich auf, einschließlich der Aufständischen in Darfur, die sich von Déby verraten fühlten und ihre Friedensverhandlungen nach Nigeria verlegten. Daß nicht nur im Tschad und in Südsudan, sondern auch in Darfur Erdöl entdeckt wurde, macht die Sache nicht einfacher. Hinzu kommt der islamische Fundamentalismus, den Washington eindämmen will, während Paris die frankophone Karte spielt: Schon 1898 war der Sudan Schauplatz einer anglo-französischen Konfrontation – Stichwort Faschoda.

Daß die nach Darfur beorderten Truppen der Afrikanischen Union die Region nicht befrieden konnten, hat niemanden überrascht, und das Wegschauen des Westens verschärfte den

Konflikt noch. Tschads Präsident überstand soeben mit knapper Not den dritten Putschversuch, den sein einstiger Mentor Baschir vom Sudan aus anzettelte mit Hilfe desertierter Offiziere und der von Khartum unterstützten Opposition. Déby wird die Geister, die er rief, nicht mehr los, denn kürzlich kam ans Licht, daß die Dschandschawid-Milizen, die Exekutoren des Völkermords in Darfur, auch aus Tschad Zulauf bekommen.

Die internationale Gemeinschaft steht vor dem üblichen Dilemma: Eine militärische Option scheidet aus, aber den Konflikt zu ignorieren – nach Bismarcks Devise, balkanische Stammesfehden seien das Leben pommerscher Rekruten nicht wert –, ist nicht möglich. Wenn es der EU und den USA um mehr geht als um Schadensbegrenzung, müssen sie Baschirs Regime moralisch ächten und diplomatisch isolieren, damit das Morden ein Ende hat, auch wenn man dafür mit zweifelhaften Freunden wie Idriss Déby politisch leben muß.

Nachbemerkung

Schlächterrote Moose
in Lianengewirrn,
wahllos fallen die Lose –
Afrika im Hirn
Gottfried Benn

1

BLACK BOX AFRIKA: Der Titel ist wörtlich gemeint, denn die Blackbox des am 6. April 1994 beim Landeanflug auf Kigali abgestürzten Flugzeugs mit den Präsidenten Ruandas und Burundis an Bord verstaubte zehn Jahre lang in einem New Yorker UN-Büro – ob aus Schlamperei oder mit Absicht, sei dahingestellt. Vieles deutet auf Letzteres hin, denn die Auswertung der darin gespeicherten Daten hätte Auskunft geben können über ein Unglück, das mehr war als nur ein *fait divers* in der von Krieg und Gewalt überschatteten Geschichte des postkolonialen Afrika: Der Flugzeugabsturz war der Auftakt zum (nach den Massakern der Roten Khmer) schlimmsten Völkermord der jüngsten Vergangenheit, und erst im Nachhinein brachten Zeugenaussagen und Indizien stückweise die Wahrheit ans Licht: Paul Kagame, der Anführer der Tutsi-Befreiungsfront und jetzige Staatschef von Ruanda, soll den Abschuß der Maschine befohlen haben zur Sabotierung des Friedensabkommens, das die Präsidenten im tansanischen Aruscha ausgehandelt hatten, um den Konflikt zwischen Hutu-Mehrheit und Tutsi-Minderheit zu entschärfen. Kagame wollte die ganze, nicht nur die halbe Macht, und er nahm, wie es rückblickend scheint, den durch den Flugzeugabschuß ausgelösten Genozid an der Tutsi-Bevölkerung in Kauf, weil das politische Chaos ihm den Weg zur Macht ebnete. Hinzu kommt, daß die in Ruanda verbliebene Tutsi-

Minderheit aus Sicht der in Uganda aufmarschierten Befreiungsfront des Verrats bzw. der Kollaboration mit dem Feind, der demokratisch gewählten Hutu-Regierung, verdächtig war. Mittlerweile hat Kagame mit stillschweigender Billigung der USA die rohstoffreiche Kiwu-Region Ostkongos unter seine Kontrolle gebracht. Wie einst in der Kolonialzeit wurde der Kongo zur Beute raubgieriger Nachbarn und zum Schauplatz eines Bürgerkriegs, der viermal soviel Tote gefordert hat wie der Genozid in Ruanda und noch kaum ins öffentliche Bewußtsein gedrungen ist. Wer den Finger auf die Wunde legt und die Dinge beim Namen nennt, wird von Kagame und dessen freiwilligen Helfern als Komplize von Völkermördern denunziert – „génocidaire" heißt die Moralkeule, mit der Ruandas Militärregime seine Kritiker im In- und Ausland zum Verstummen bringt.

Das Schweigegebot funktioniert bis heute, weil der Westen ein schlechtes Gewissen hat: Allen voran Washington, das aus Angst vor einem zweiten Somalia – dort hatten die Rebellen getötete US-Marines im Triumph durch die Straßen geschleift – die Warnsignale überhört und vor dem Völkermord die Augen verschlossen hatte. Aber auch Kofi Annan, der die verzweifelten Hilferufe des kanadischen UN-Generals Roméo Dallaire abschlägig beschied und, statt zusätzliche Blauhelmtruppen nach Ruanda zu schicken, deren Abzug befahl. Frankreich dagegen hielt man vor, im Rahmen der *Opération turquoise* nur ausländische Staatsbürger evakuiert und die zum Tode verurteilte Tutsi-Minderheit ihrem Schicksal überlassen zu haben. Alles in allem hat das Wegschauen des Westens und die damit verbundene Appeasement-Politik zum Erstarken aggressiver Militärregimes geführt, die das entstandene Vakuum ausfüllten und die Machtbalance im Gebiet der Großen Seen zu ihren Gunsten veränderten – das genaue Gegenteil der von George Bush *senior* versprochenen und von Afrikas Zivilgesellschaft ersehnten neuen Ära der Demokratie.

2

Über den Präzedenzfall Ruanda hinaus hat das Wort *Black Box* generelle Bedeutung für Afrika: Als Metapher für vieles, was nach der Entkolonialisierung schiefgelaufen ist und von einer Koalition der Gutwilligen, zu der auch die Bundesrepublik gehört, klein- oder schöngeredet wird. Um nicht gegen das Gebot politischer Korrektheit zu verstoßen, wird der desolate Zustand Afrikas, wenn überhaupt, nur hinter vorgehaltener Hand angesprochen. Damit meine ich nicht nur die Tatsache, daß der gesamte Kontinent weniger als ein Prozent des weltweiten Bruttosozialprodukts erwirtschaftet und auf unabsehbare Zeit am Tropf der Industriestaaten hängt – früher sagte man Geberländer dazu. Afrika hat seine selbst gesetzten Entwicklungsziele nicht nur verfehlt, es fiel hinter den bereits erreichten Entwicklungsstand zurück, und der Zustand der Infrastruktur wie der Lebensstandard der Bevölkerung sind heute schlechter als vor der Unabhängigkeit. Noch schlimmer ist, daß Menschenwürde und Menschenrechte nirgendwo dermaßen mißachtet und mit Füßen getreten werden wie in Afrika. Kollektive sind hier wichtiger als Individuen, denn ähnlich wie im vormodernen Europa gilt nur ein Mitglied der eigenen Volksgruppe als vollwertiger Mensch, während Angehörige fremder Ethnien als *quantité négligeable* betrachtet werden, deren Leiden wenig oder gar kein Mitgefühl hervorruft. Der Videofilm mit der Folterung und Ermordung des gestürzten Staatschefs Samuel Doe war ein Bestseller in Liberia, und auf meine Frage, warum er seine afrikanischen Brüder und Schwestern töte, antwortete ein Kindersoldat in Monrovia mit der Gegenfrage: *Warum nicht?* Nelson Mandelas mit Vorschußlorbeeren überhäufter Nachfolger Thabo Mbeki entblödete sich nicht, öffentlich zu erklären, Aids sei *kein Problem* im südlichen Afrika. Dazu paßt, daß Mbekis Stellvertreter Zuma, angeklagt wegen Vergewaltigung einer HIV-infizierten Frau, zu seiner Verteidigung vorbrachte, um sich vor Aids zu schützen, habe er nach dem Geschlechtsverkehr geduscht.

Noch schockierender als die fast schon selbstverständliche Brutalität gegen Schwächere ist die Dreistigkeit, die aus den zitierten Sätzen spricht, eine Ignoranz, die sich mit Bauernschläue und skrupellosem Machtstreben bestens verträgt – siehe Bokassa, Idi Amin und andere Gewaltherrscher. Nicht Bosheit, sondern schiere Unwissenheit führt dazu, daß sich auf Nairobis Hauptverkehrsader, der Haile Selassie-Avenue, folgende Szene abspielt: Ein Bauarbeiter balanciert ein drei Meter langes Brett auf dem Kopf, das, nach links und rechts ausschlagend, mit seinen scharfen Kanten mehrere Passanten verletzt. Aufgebrachte Anwohner stürzen sich auf den Arbeiter und malträtieren ihn so lange mit Fausthieben und Fußtritten, bis er blutüberströmt am Boden liegt. Als ich einen Polizisten auffordere, einzuschreiten, zuckt er gleichgültig die Achseln und meint, die Wut der Leute sei verständlich, der Mann sei selber schuld.

Auf frischer Tat ertappte Diebe werden in Afrika auf offener Straße gelyncht, denn der Marktplatz ist hierzulande ein heiliger Ort. Selbst Ghanas starker Mann, der Fliegerleutnant und langjährige Premierminister Rawlings, mußte einen Rückzieher machen, als er den Zorn der Marktfrauen auf sich zog, weil Panzer deren Verkaufsstände niedergewalzt hatten. Diktatorisch regierende Staatschefs achten darauf, Taxi- und Lastwagenfahrer, Marktfrauen und Prostituierte nicht gegen sich aufzubringen, ganz zu schweigen von Fetischpriestern, die Benins neu gewählten Präsidenten Soglo mit einem Voodoo-Fluch verhexten, so daß er bei seiner Amtseinführung kein Wort über die Lippen brachte. Erst als Soglo eine Abordnung der Fetischpriester in seinem Amtssitz empfing, war der Bann gebrochen. In Senegals Hauptstadt Dakar legte ein Streik der Bettler das öffentliche Leben lahm, weil gläubige Moslems, um ins Paradies zu kommen, Bedürftigen Almosen geben müssen: Nachdem man sich auf einen höheren Tarif geeinigt hatte, nahmen die

Bettler ihre Arbeit wieder auf. Kein Lehrstück von Brecht, sondern zeitgenössische Realität Afrikas.

Der noch heute weitverbreitete Aberglaube trägt zwar zum Ausgleich sozialer Härten bei, aber er ist auch ein Hemmnis bei der Veränderung des Status quo und verhindert echten Fortschritt und nachhaltige Entwicklung, wie der Schweizer Ethnologe David Signer in seiner Studie über *Die Ökonomie der Hexerei* (Wuppertal 2004) zeigt. Schon arabischen Händlern des frühen Mittelalters fiel auf, daß in Afrika plötzlich auftretende Übel wie Hungersnot und Dürre, Krankheit und Tod auf Zauberei zurückgeführt wurden und daß persönliches Wohlergehen, Gesundheit und Glück als Teufelswerk galten. Das ist bis heute so: Individueller Erfolg wird nicht belohnt – im Gegenteil. Wer sich über den Durchschnitt erhebt, wird sozial ausgegrenzt und mit Sanktionen belegt – mit verheerenden Folgen für Wirtschaft und Politik: Eigeninitiative wird nicht gefördert, sondern bestraft, ebenso wie offener Widerspruch oder mutiges Vorpreschen, das als Hybris gilt. Um sich vor übler Nachrede und bösem Blick zu schützen, muß jeder, der Reichtum oder Macht besitzt, seinen Clan oder Stamm mit großzügigen Geschenken bei der Stange halten – ein feudales Klientelsystem, das demokratische Transparenz verhindert und die in Afrika allgegenwärtige Korruption nach sich zieht.

3

Bereits Anfang des vorigen Jahrhunderts warf der deutsche Afrikanist Leo Frobenius die Frage auf, ob die Bewohner des Schwarzen Kontinents kindlicher oder weiser seien als die Europäer, ob Afrika hoffnungslos rückständig oder der westlichen Rationalität spirituell überlegen sei? Die Antwort fällt nicht leicht, denn Afrikaner, so scheint es, sind kindlich und weise zugleich. Ähnlich wie die Chinesen, die das Schießpulver erfanden, aber nur zu pyrotechnischen Zwecken benutzten, oder Inkas und Mayas, die das Rad zwar kannten, aber nur als Kinderspielzeug verwandten, wurde in Afrika schon Eisen verhüttet, als Europa noch in der Steinzeit lebte. Doch die frühen Hochkulturen im heutigen Zimbabwe, im alten Königreich Mali oder in Benin begründeten keine eigenständige technologische Entwicklung und verschwanden, ohne Spuren zu hinterlassen. Die These des Senegalesen Sheikh Anta Diop, die Dynastien der alten Ägypter seien afrikanischen Ursprungs und die Pharaonen Schwarze gewesen, trägt Züge einer rückwärtsgewandten Utopie, mit der die real existierende Misere kompensiert werden soll, ein romantisches Konstrukt wie der Glaube der Rastafaris an die Rückkehr in ein mythisches Äthiopien, aus dem ihre Vorfahren dem Rasta-Glauben zufolge nach Jamaika verschleppt worden sind.

Auch der beliebte Hinweis auf sportliche Höchstleistungen oder auf die kulturelle Kreativität der Afro-Amerikaner tröstet nicht über deren soziales Elend hinweg. In den Ghettos amerikanischer Großstädte, in den Favelas von Rio und São Paulo und sogar in der Banlieue von Paris sind rechtsfreie Räume entstanden, in denen quasi afrikanische Verhältnisse herrschen – mit dem Unterschied, daß Drogenhändler die Warlords und Street Gangs die Milizen ersetzen. Doch zwangsrekrutierte Kindersoldaten gibt es auch hier, und Vergewaltigung und Mord gehören ebenso zum Alltag wie in Mogadischu oder Monrovia. Das Aufnahmeritual für eine Street Gang in Los Angeles sieht vor, daß ein junger Schwarzer oder Latino nachts ohne Licht im gestohlenen Auto herumfährt und den erstbesten Fahrer, der ihn mit dem Scheinwerfer anblinkt, nach einer Verfolgungsjagd zur Strecke bringt – wörtlich und nicht nur im übertragenen Sinn.

Das Argument, die hier zutagetretende Brutalisierung sei eine Spätfolge des Kolonialismus, überzeugt schon lange nicht mehr, im Gegenteil: Der hohe Entwicklungsstand der nordamerikanischen Gesellschaft und die trotz aller Diskriminierung erkämpfte Chancengleichheit lassen den Gegensatz zur Barbarei nur umso schroffer hervortreten.

Was ist der Grund für die schon jetzt unaufholbare Rückständigkeit Afrikas gegenüber dem Rest der Welt? Am Klima oder am sozialen Umfeld kann es nicht liegen, denn in der amerikanischen und europäischen Diaspora leben Afrikaner seit hundert Jahren unter ähnlichen Bedingungen wie die Einheimischen und sind von Einwanderern aus Asien in kurzer Zeit überflügelt worden. Die gängige Erklärung, in tropischen Ländern gebe es mehrere Ernten im Jahr, und deshalb seien die Einwohner Afrikas nicht in der Lage, vorausschauend zu planen, scheidet ebenso aus wie rassistische Denkmuster, die nicht nur unappetitlich, sondern wissenschaftlich unhaltbar sind, weil sie die Natur, will sagen den Genpool des Menschen, für unmittelbar gegeben und nicht hinterfragbar halten.

Interessanter, weil empirisch nachprüfbar, ist der Hinweis auf die afrikanische Familienstruktur, ein verkapptes Matriarchat, bei dem der Vater nur die Rolle des Erzeugers spielt, während die Erziehung der Kinder Onkeln und Tanten obliegt. Allein unter wirtschaftlichem Druck hat sich in Afrika die Einehe durchgesetzt, während die Polygamie nicht nur unter Moslems weit verbreitet ist. In diesen Kontext ist die von Autoren wie Stuart Vail beschriebene Mentalität der *instant gratification* einzuordnen, also eines hemmungslosen Lustprinzips, das bei der Wunscherfüllung keinerlei Aufschub duldet und die Betroffenen für Alkohol, Drogen und schnellen Sex, sprich Aids, empfänglich machen soll.

Abgesehen davon, daß dies für jede moderne Konsumgesellschaft gilt, setzen afrikanische Intellektuelle sich mit Recht gegen negative Zuschreibungen zur Wehr, die zusammen mit der unbewiesenen Behauptung, der HIV-Virus stamme aus Haiti, zur Verfestigung rassistischer Klischees beitragen. Nein, Aids kommt nicht aus Haiti, sondern wurde von kanadischen Sextouristen dorthin gebracht, aber Haiti ist in einem anderen Zusammenhang relevant, denn es war die erste Kolonie, deren Bewohner, aus Afrika verschleppte Sklaven, aus eigener Kraft ihre Freiheit und Unabhängigkeit erkämpften. 1804 gründeten sie im Westteil Hispaniolas die nach den USA zweitälteste Republik der Neuen Welt, die sie auf ihren alten indianischen Namen tauften: Haiti, die Felseninsel. Die heroische Selbstbefreiung schlug in despotische Herrschaft um, die nicht weniger menschenverachtend war als das alte Kolonialregime, und der Karibikstaat erreichte nie wieder die wirtschaftliche Produktivität von einst, als Frankreich ganz Kanada an England abtrat, um seine Kolonie Saint Domingue behalten zu können. Insofern ist Haiti ein Präzedenzfall, dessen Bedeutung für die Zukunft afrikanische Intellektuelle mit Sorge erfüllt. Kein ressentimentgeladener Rassist, sondern Thabo Mbeki, der Präsident Südafrikas, hat in einer programmatischen Rede an der Universität Kingston im Juli 2003 die folgende Frage aufgeworfen:

> „Die französische und die amerikanische Revolution haben den Grundstein für positive Entwicklungen gelegt, die den Völkern Frankreichs und der USA zugutekamen. In Haiti dagegen gab es keine positive Entwicklung – im Gegenteil. Zu Hause und in der afrikanischen Diaspora müssen wir uns die Frage stellen, warum die Lebensbedingungen der Afrikaner sich weltweit verschlechtert haben – trotz der autonomen Existenz von Staaten wie der schwarzen Republik Haiti, die schon vor 200 Jahren die Unabhängigkeit errang!"

Gäbe es eine eindeutige Antwort auf diese Frage, hätte Thabo Mbeki sie seinen Hörern nicht vorenthalten. Die Suche nach der Wahrheit, die auch der Autor dieser Zeilen nicht kennt, wird dadurch erschwert, daß viele mit Afrika befaßte Politiker, Entwicklungshelfer und Diplomaten, um nicht anzuecken, den dortigen Eliten nach dem Munde reden. Die wiederum sind Meister in der Kunst, genau das zu sagen, was die Geber von ihnen erwarten: Zur Zeit des Kalten Krieges redeten sie von Freiheit und Demokratie, heute sprechen sie von zivilgesellschaftlicher Toleranz und *good governance* …

4

Aufschlußreicher als das Palaver der Politiker und das Parteichinesisch der Experten ist, was Dichter zu diesem Thema zu sagen haben, und interessanterweise kommen diejenigen der Wahrheit am nächsten, die nie afrikanischen Boden betraten, wie der Franzose Alfred Jarry. Sein 1896 uraufgeführtes Drama *Roi Ubu*, eine Mischung aus Commedia dell Arte und Grand Guignol, nimmt nicht nur Surrealismus und Dada vorweg, sondern auch die Schandtaten afrikanischer Diktatoren wie Bokassa und Idi Amin. Als Alfred Jarry den folgenden Dialog zu Papier brachte, ahnte er nicht, daß und wie die Wirklichkeit sein absurdes Theater einholen und überholen würde:

> BORDURE: Aber Vater Ubu, siehst du denn nicht, daß das Volk die Gabe des fröhlichen Regierungsantrittes erwartet?
>
> MUTTER UBU: Wenn du nicht Fleisch und Gold verteilen läßt, bist du in zwei Stunden gestürzt.
>
> VATER UBU: Fleisch ja, Gold nein. Schlachtet drei alte Pferde, das reicht für diese Dreckschweine.
>
> MUTTER UBU: Selbst Dreckschwein.
>
> VATER UBU: Ich will reich werden. Nicht einen Heller rücke ich heraus!
>
> BORDURE: Aber Vater Ubu, wenn du nichts verteilst, wird das Volk keine Steuern bezahlen!
>
> VATER UBU: Ist das wirklich wahr?
>
> MUTTER UBU: Aber ja doch, ja!
>
> VATER UBU: O, dann bin ich mit allem einverstanden. Gebt drei Millionen aus. Kocht 150 Ochsen und Schafe. Schließlich bekomme ich ja auch etwas davon ab.

Jarrys Stück war inspiriert von Faustin Soulouque, Angehöriger der Palastwache und Analphabet, der 1847 als Verlegenheitskandidat zum Präsidenten gekürt wurde und sich später zum Kaiser von Haiti krönen ließ. Seine Inthronisierung verschlang das gesamte Staatsbudget; allein die mit Diamanten besetzte Krone kostete 100.000 Dollar – nach heutigem Kurs eine Million. Soulouque führte Krieg gegen die Dominikanische Republik, der mit einem Patt endete, trotzdem aber als Sieg gefeiert wurde, und nahm Söhne und Töchter der hellhäutigen Bourgeoisie als Geiseln, die er bei Bedarf hinrichten ließ. In einer Woche vergab er 400 Adelstitel, und um die Mitglieder seines Hofstaats von der adligen Plebs zu unterscheiden, gestattete er ihnen, das Präfix *de* nicht nur ihrem Nachnamen, sondern auch dem Vornamen voranzustellen.

Ähnlich aufschlußreich ist das Beispiel Arthur Rimbauds, der in seinem Prosagedicht *Une saison en enfer* (1873) den Würdenträgern der Dritten Republik, aber auch ihren Nachfolgern im postkolonialen Afrika, Worte entgegenschleuderte, deren bestürzende Wahrheit sich erst hundert Jahre später zeigte:

„Ihr seid falsche Neger, ihr Wahnsinnigen, Blutdürstigen, Habsüchtigen. Kaufmann, du bist Neger; Magistrat, du bist Neger; Kaiser, du alter Lüstling, du bist Neger: du hast den nicht versteuerten Schnaps aus Satans Fabrik gesoffen..."

Noch erstaunlicher ist, daß Rimbaud diese prophetischen Sätze schrieb, lange bevor er sich als Kaufmann in Aden niederließ und von dort aus nach Äthiopien einschiffte. Rimbaud hat nicht nur die Habgier der Kolonialisten, sondern auch die Komplizenschaft ihrer Helfer gegeißelt, ohne die kein Unterdrükkungssystem funktioniert. An dieser Stelle könnte ich Louis-Ferdinand Céline zitieren, der sich, während Europa in den Schützengräben vor Verdun verblutete, in Briefen aus Kamerun damit brüstete, Zigaretten gegen Elfenbein zu tauschen, so lange, bis Afrika von Elefanten entvölkert sei. Doch ich will es bei der Drohung bewenden lassen.

Statt dessen möchte ich den antiken Geschichtsschreiber Herodot anführen, der schon vor 2.500 Jahren die Frage aufwarf, warum die Griechen Schiffe nach Afrika entsandten, um Erkundigungen über Land und Leute einzuziehen, während die Afrikaner niemals Schiffe nach Europa schickten:

> „Jahr für Jahr scheuen wir weder Kosten noch Gefahren für Leib und Leben, um nach Afrika zu segeln und euch zu fragen: Wer seid ihr? Was für Gesetze habt ihr? Welche Sprache sprecht ihr? Ihr aber habt nie ein Schiff zu uns geschickt und uns noch nie eine Frage gestellt."

Weder liberales Gutmenschentum noch politische Korrektheit, merkt der Essayist George Steiner dazu an, könnten diese Beobachtung widerlegen.

George Steiner hat Recht. Nur eines hat sich geändert, seit Herodot von Halikarnassos die zitierten Sätze schrieb: Heute stranden Tag für Tag – oder vielmehr Nacht für Nacht – mit Afrikanern überladene Schiffe an den Küsten Süditaliens, Spaniens und der Kanarischen Inseln oder werden auf hoher See aufgebracht und gegen den Willen der Passagiere nach Afrika zurückgeschickt.

5

Die in diesem Buch gedruckten Texte – ausgenommen die *Postskripta* – stammen aus einem Zeitraum von zehn Jahren, in denen ich Afrikas Krisen- und Kriegsgebiete nicht nur einmal, sondern mehrfach aufsuchte: Ich war viermal in Ruanda, dreimal im Kongo und in Liberia, zweimal in Burundi, Sierra Leone und im Sudan. Vor die Wahl gestellt, die Reportagen im Licht späterer Ereignisse und nachträglich gewonnener Einsichten neu zu schreiben, oder sie in ihrer ursprünglichen Form zu belassen, entschied ich mich aus grundsätzlichen Erwägungen für die zweite Option: Weil die Urfassungen den emotionalen Schock angesichts einer fremden, oft bedrohlichen Realität ungefiltert wiedergeben. Wie viele Afrika-Korrespondenten war ich traumatisiert durch das, was ich bei den Straßenkämpfen in

Monrovia oder im Busch von Sierra Leone zu sehen bekam, wo ich einem zum Tode Verurteilten das Leben zu retten versuchte – ob meine Intervention Erfolg hatte, weiß ich nicht. Die Grenze zwischen journalistischen Beobachtern und Akteuren ist manchmal fließend wie im Flüchtlingslager Kibeho, wo ich eine junge Mutter brüsk zurückstieß, die mir ihr Baby entgegenstreckte, um es aus dem Kugelhagel zu retten – noch heute mache ich mir deshalb Vorwürfe.

Solch traumatische Erlebnisse führen zu einem verzerrten Bild von Afrika, das, als gäbe es keinerlei Normalität, nur noch aus Krisen und Katastrophen zu bestehen scheint. *Mea culpa*! Für die Medien sind nur schlechte Nachrichten gute Nachrichten, aber auch umgekehrt wird ein Schuh draus, denn der tropische Cocktail am Strand von San Pédro in Côte d'Ivoire bekommt einen bitteren Beigeschmack, wenn man weiß, daß 50 Kilometer entfernt, im liberianischen Busch, Menschen wie Tiere gejagt werden. Die Wirklichkeit nicht zu beschönigen gehört zur journalistischen Sorgfaltspflicht. Im übrigen geht es nicht darum, Afrika schwarzzumalen oder gesundzubeten, sondern darum, daß man sich überhaupt für den Kontinent und seine Bewohner interessiert. Damit wäre schon viel gewonnen, denn über Afrika denken, reden und schreiben darf ein jeder, was er oder sie will, Mißverständnisse und Vorurteile inbegriffen. Niemand ist gefeit gegen Klischees, die manchmal der erste Schritt zur Wahrheitsfindung sind.

Was die hier abgedruckten Texte betrifft, so habe ich nur sachliche Irrtümer, falsche Daten und Fakten korrigiert, ansonsten aber der ungesicherten Wahrnehmung den Vortritt gelassen vor der abgehobenen Reflexion. Vollständigkeit wurde nicht angestrebt, denn ich wollte kein wissenschaftliches Sachbuch schreiben, sondern ein subjektives Plädoyer für einen aus dem Ruder laufenden Kontinent, der, wie das von Géricault gemalte Floß der Medusa, steuerlos auf den Wellen treibt.

Textnachweise

Kollateralschaden Kongo – *Frankfurter Allgemeine Zeitung,* 6. Juni 2005

Trompeten der Nacht – gekürzter Abdruck in: *Cicero,* Juli 2005

Hier viele, viele Massaker – *Die Zeit,* 9. Juni 1995

Sie finden immer einen Grund, dich zu töten – *Die Zeit,* 12. Mai 1995

Blinde Passagiere auf einem sinkenden Schiff – *Die Zeit,* 19. Juli 1996

Verfluchtes Land Sudan – *Die Zeit,* 3. September 1998

Bitte nicht ins Füllhorn tuten – *Literarische Welt,* 2. Juli 2005

Vor den Menschen sterben die Tiere – *Cicero,* Juni 2004